レンズが撮らえた 幕末維新の志士たち

山川出版社

レンズが撮らえた　幕末維新の志士たち

目次

編集協力／有限会社リゲル社・服部 崇・オフィス ストラーダ・松井 久・中田真澄

カラー特集

幕末生まれの男たちの記録

鎖国して二百余年が経った幕末期、諸藩が開国派と尊皇攘夷派のせめぎ合いで混迷の度合いを深めるなか、新しい時代の担い手が全国各地で次々と誕生する。維新回天のため、憂国の志をいだいて奔走した「幕末生まれ」の志士たちである。まだチョンマゲ姿で刀を差した武士たちは、独自に藩の近代化をめざした。そうした「幕末生まれ」の彼らが「明治」を作り、その後の基礎を築いたといえる。

福澤諭吉とアメリカ娘（慶応義塾福澤研究センター蔵）
万延元年（1860）ウィリアム・シュー撮影。サンフランシスコで写真館主の令嬢と撮影。帰国の途でハワイを出航したのちに咸臨丸乗組員の若い士官らにこれを見せ、一同を悔しがらせたと『福翁自伝』にある写真。

勝海舟（勝芳邦氏蔵）
万延元年（１８６０）ウィリアム・シュー撮影。遣米使節団の随伴艦咸臨丸の艦長として渡米した際、サンフランシスコで撮影した。21.5 × 16.5㎝のサイズの写真で革張りのケースに収められている。

オランダ公館の護衛（アムステルダム海洋博物館蔵／ PPS 通信社提供）
文久３年（１８６３）撮影。写真の場所は未詳。右端の男は韮山笠をかぶり、筒袖風の上着に斜め掛けしたショルダーの胸元に雷管入れケースが見える。男の後ろに歩兵銃とショルダーが置かれているが、雷管入れ・弾薬盒（だんやくごう）と銃剣吊りが一緒のタイプの装具であることがわかる。

オランダ公館護衛兵の訓練（アムステルダム海洋博物館蔵／ PPS 通信社提供）
文久３年（１８６３）撮影。長崎出島のオランダ公館の護衛。スラミルフ軍曹（右端）が指導にあたった。幕府は外国人襲撃事件の発生をうけて、３万石から 10 万石の大名に公使館の護衛を命じ、警備の強化をはかった。歩兵銃を持つ男たちは諸大名から派遣された兵士か。

江戸城中之門（『旧江戸城写真帖』・東京国立博物館蔵）
明治4年（1871）横山松三郎撮影。二之丸から本丸へ通じる中之門と多聞櫓。中之門を通り本丸の表門である書院門（写真中之門の斜め左上）に至る。写真は明治政府の制度取調局御用掛の蜷川式胤が荒廃する江戸城を惜しみ、太政官に願い出て撮影したものである。写真は洋画家の高橋由一によって彩色されている。

江戸城北桔橋門桝形（『旧江戸城写真帖』・東京国立博物館蔵）
明治４年（１８７１）横山松三郎撮影。写真左は櫓門、その右は桝形を囲む多聞櫓。多聞櫓の前に井戸の木組みが見え、木組みから斜めに２本出ているのが水道の木樋である。着色写真。

山ツノ御門

フランス軍装の徳川慶喜（茨城県立歴史館蔵）

慶応３年（１８６７）撮影。フランスの軍服を着た慶喜の肖像。同じような着色写真は、盛岡南部家にも伝来したものが知られるが、一橋徳川家にも所蔵され、原板からのオリジナルプリントは３枚存在することが明らかになった。

馬上の徳川慶喜
（茨城県立歴史館蔵）

慶応３年（１８６７）撮影。平成１０年に茨城県立歴史館から初公開されたフランスの軍服を着て、在来馬に乗った慶喜の写真。在来馬は、慶喜の京都での愛馬「飛電」と思われる。撮影場所は二条城か京都の宿舎だった小浜藩空屋敷、または大坂城のいずれかと考えられる。

徳川慶喜（茨城県立歴史館蔵）
慶応２～３年（１８６６～７）撮影。

フルベッキとその塾生たち（横浜開港資料館蔵）

明治2年（1869）撮影。フルベッキはオランダ人宣教師として幕末の長崎に来日。10年間長崎の地で若い人材を養成した。明治2年にフルベッキが東京の開成学校に招かれて長崎を去るとき、英語塾の門下生と記念撮影した写真。撮影場所は上野彦馬の写場である。

東禅寺のイギリス外交官と幕府の役人（横浜開港資料館蔵）

撮影年代未詳。ネグレッティ＆ザンブラ社の『Views in Japan』という写真集に収められた写真である。写真左から２人目がイギリス公使館員ガワー。彼は安政６年（1859）にオールコックに従い東禅寺に入っている。ガワーは来日前、ロンドンの光学機械・数学用器具・気象観測器具メーカーであるネグレッティ＆ザンブラ社と特派員契約を結び、日本にステレオカメラを持参していた。そして文久３年（1863）にオールコックの長崎から江戸までの陸路日本横断旅行にも同行し、日本各地を撮影している。ステレオ写真。

幕末維新を生きた男たち

サムライの肖像——最新の研究動向を踏まえて

三井圭司

●ダゲレオタイプからティンタイプへ

平成十一年四月の文化財保護審議会において、一枚の写真が重要文化財に指定された。尚古集成館（鹿児島県鹿児島市）所蔵の宇宿彦右衛門らが撮影した「島津斉彬像」（安政四年〈一八五七〉）である。この写真は、日本人が撮影した現存する最古の写真である。そして、もう一点この写真の貴重性が指摘できる。この写真に用いられた写真方式である。

この肖像写真は一八三九年、世界で最初に発明された写真方式であるダゲレオタイプによって撮影されている。現在確認されている範囲では、幕末期に日本人の手で撮影された現存する唯一のダゲレオタイプである。島津（薩摩）藩では、ダゲレオタイプだけでなく、鶏卵印画やカロタイプなど多くの写真技術研究が確認されている。この「島津斉彬像」もこのような研究に基づく成果であると考えられる。このような研究は、島津藩のみならず、水戸藩徳川家、黒田（福岡）藩など西洋の科学技術に興味を抱く藩で研究が行われていた。

ダゲレオタイプはフランス人ルイ・ジャック・マンデ・ダゲールによって、発表された写真方式だが、ヨーロッパにおいては一八五〇年代から印画紙にプリントするネガ・ポジ方式へ移行

島津斉彬銀板写真［しまづ　なりあきら／1809～1858］（尚古集成館蔵）
安政4年（1857）9月17日に撮影された写真。市来四郎ほか撮影。薩摩藩は写真の研究に取りかかったのが早かったためか、日本人が撮影し、成功した日本最古級の銀板写真である。昭和50年（1975）島津家で発見された。撮影日は天気晴朗で3枚撮影されたとの記録がある。

した。これに対して、アメリカではダゲレオタイプが広く普及し、一八六〇年代にはこの廉価版というべき技術であるティンタイプ（フェロタイプ）が生まれるほどである。

　このようにダゲレオタイプを重んじたアメリカによって、日本は開国へと導かれた。それでもダゲレオタイプの写真は、ペリー艦隊に同行した写真師エリファレット・ブラウン・ジュニアによって撮影されたサムライの肖像六点（国内に現存する五点はすべて重要文化財に指定、残りの一点はハワイ・ビショップ博物館所蔵）のほか、ロシア人による作例などが確認されるのみで一〇点には及ばない。

　では、「坂本龍馬像」などに代表されるサムライの肖像は、どのような技術によって支えられ、いつから普及し始めたのだろうか。

●日本の写真方式

　日本で最初に写真館ができるのは、万延元年（一八六〇）に横浜を訪れたO・E・フリーマン。彼を師として、文久元年（一八六一）に江戸で開業した鵜飼玉川《うかいたまがわ》が日本人で最初の写真師

鵜飼玉川　撮影年代未詳。文化４年（1807）生まれる。横浜でアメリカ人オリン・フリーマンから写真術を学び、日本で最初の商業写真家として江戸の薬研堀（中央区東日本橋）で写真館を開いた。

下岡蓮杖　撮影年代未詳。文政６年（1823）伊豆国下田（下田市）に生まれる。アメリカ人ヘンリー・ヒュースケンより写真術を学び、同国人ウルシンより写真機を手に入れ、文久２年（1862）横浜で写真館を開いた（120頁参照）。

と目されている。また、玉川と同時期に中浜万次郎が幕臣である江川家の臣下として写真撮影を行っているが、営業活動とは異なる。

　そして、翌文久二年（一八六二）に横浜で下《しも》岡蓮杖《おかれんじょう》が、長崎で上野彦馬が開業する。このころから、本格的に写真技術が日本に普及し始めたと考えられている。

　上野彦馬は、長崎で開業する以前、藤堂（津）藩の有造館で舎密（化学）の教鞭を執っていた。この時、同藩藩士で共同研究者でもあった堀江《ほりえ》鍬次郎《くわじろう》による閲のもとで教科書として執筆したのが『舎密局必携』である。本書に「撮形術ポトガラヒー」と題された項目がある。これは日本で最初に書かれた本格的な写真技法解説である。ここに記された写真方式がコロディオン湿板方式である。坂本龍馬や勝海舟、近藤勇など敵味方にかかわらず、多くのサムライたちの肖像写真を撮影した写真方式である。

　一八五一年のロンドン万博でフレデリック・スコット・アーチャーが発表した方式で、ガラスにネガ像を写し込んで印画紙にプリントするネガ・ポジ方式と撮影原板そのものを鑑賞対象

内田九一　撮影年代未詳。弘化元年（1844）長崎で生まれる。当初、上野彦馬と同じく化学を学びのち写真技術を学んでいる。大坂、横浜と移り浅草で写真館「九一堂万寿」を開業。名所旧跡などの写真を多く残しているが、明治天皇を写したものは有名である（173頁参照）。

上野彦馬と家族（長崎大学附属図書館蔵）（159頁参照）。

下岡蓮杖の写真館　撮影年代未詳

とするアンプロタイプの二つの用い方ができる方式である。

日本人の写真館が開業当初から繁盛したわけではない。「写真に写ると魂が抜かれる」という妄信は現在でもいにしえの記憶として伝わっている。西洋の世界観に基づいて発明された写真に構築される物質＝固定された視覚が、特に人間の姿は浮世絵をはじめとする二次元に力点をおく日本絵画のなかに身を置いてきた日本人の間に普及するのは簡単ではない。

明治天皇の肖像写真の撮影者である内田九一が写真館の名前を「九一万寿堂」としたのも、これと無関係ではないだろう。また、初期の価格は二分（二分の一両）程度だったといわれる。江戸期は金銀銭それぞれが相場で動いていたうえ、幕末期の貨幣価値は大きな変動があるために現在の価値に変換することは簡単ではない。仮に入湯料を基準に計算すると、当時が八文で平成二十四年現在が四五〇円だから、約一八万円余になる。大名やお大尽ならいざ知らず、未知のものに拠出するにはあまりにも高価であると理解できるのではないだろうか。では、逆に

松平忠礼（上田市立博物館蔵）
明治元年（1868）撮影

リボルバーを持つ家臣の像
（東京都写真美術館蔵）
明治元年（1868）撮影

どうして本書に所収されているように多くのサムライたちが写真を残したのだろうか。もちろん、時の経過と共に、ある程度価格の下落は考えられる。また、先の「島津斉彬像」に代表されるような大名による洋学研究の一環として撮影されたものも散見される。

信濃上田藩の最後の藩主である松平忠礼《ただなり》は自分の肖像写真だけでなく、家臣との集合写真や洋装でリボルバーを持つ家臣などを撮影したと考えられる。しかし、幾多の震災や空襲を経て平成の現在まで残されている量やこれらが点在していることなどを考えると、そのような理由だけで片付けることは難しい。

また、ライフルを誇らしげに握る足軽の肖像も現在に伝えられている。彼らの禄で肖像写真を撮影するということは、相応の勇気が必要であろう。では何が彼らに勇気を与えたのだろうか。

それは、死つまり自己の消失に対する恐怖ではないだろうか。実際に、戊辰戦争や西南戦争ころに作例がある程度集中しているように考えられる。次いで、断髪廃刀令にかかわり、自ら

武士の肖像（山口県文書館蔵）
撮影年代未詳

のプライドであった髷や刀を失う際に撮影されたものもある。ただ、後者については単に丁髷佩刀の姿だけを収めるのではなく、散切り後の姿も撮影して、ビフォア・アフターの二枚がある作例もあり、悲痛さは少ない。やはり、明日をも知れぬわが身を家や愛する者へ残そうと恐怖も顧みず写した作例とおぼしきものには、サムライとしての気概がより強く感じられる。

彼らはただ、日本が世界という海原に漕ぎ出す嵐のような転換期に偶然、生を受けたにすぎないかもしれない。現代であれば、写真を撮ること・写されることに命とのかかわりを感じる人はいないだろう。しかし、昨年の東日本大震災の後、被災地の人々は写真を求めた。それは写真を撮るとき、その瞬間、多くの人が幸福だからだ。幸福だった姿を人々が求めた。どれほど写真という文明が日常化しようと、今という幸福な姿を物へと変換し、客体化し、歴史化するという点においては、現代も幕末も、サムライも現代人も同じ地平に立っているといえるのではないだろうか。

馬上の徳川慶喜（茨城県立歴史館蔵）

慶応３年（1867）撮影。慶応３年１月、フランス陸軍参謀大尉ジュール・シャノワヌを団長としたフランス軍事顧問団が横浜に到着。このとき、幕府にフランス将官の軍服装備一式を献上している。写真の慶喜が着用している軍服がそれと思われる。

幕府軍

幕府のフランス式伝習生（沼津市明治史料館蔵）
撮影年代未詳。慶応３年１月、フランスから軍事顧問団が来日すると、新たにフランス式の軍装・軍制改革が行われた。伝習生は旗本の子弟で、彼らは士官になるべく訓練を受けた。士官は山形の袖線が付いた制服（膝取マンテル）にズボンであった。写真右端はのちに沼津兵学校を創設した江原素六。

幕府軍の調練

撮影年代未詳。幕末の大坂城内で撮影されたと推定される写真。また、二条城内での調練の写真と紹介する戦前の刊行物もあるが、場所の広さから大坂城が有力とされている。写真の兵士の軍装は、韮山頭巾を被り、筒袖襦袢に見える服装をしているが、靖国神社蔵の『銃隊指揮沿革図』に照らし合わせると、文久期（1861 ～ 1863）の幕府軍の軍装によく似ている。

フランス殖民地騎兵隊風の軍服を着用した大岡化彦（『幕末秘話』所収）
撮影年代未詳。

伝習歩兵差図役勤方揖斐吉之助（『旧幕府』2巻11号所収）
撮影年代未詳。鳥羽・伏見の戦いに参加し、深手を負う。明治元年（1868）より沼津兵学校三等教授方となる。のちに陸軍少将。

箱館戦争に参戦した幕府軍士官（函館市立中央図書館蔵）
明治2年（1869）撮影。右は幕府伝習隊砲兵隊・田島金太郎、左は陸軍奉行並・松平太郎。松平太郎は箱館では榎本武揚に次ぐ副総裁に就任した。

八王子千人同心組頭・二宮光鄰（八王子市郷土資料館提供）
光鄰は嘉永７年（1854）に千人同心の住所、組別、役職などを図示した「番組合之縮図」（通称「千人同心姓名在所図表」）を著し、広範囲に居住する千人同心の名簿や「千人町」の町名の保存に尽力した。写真は第２次長州出兵の際に大坂で撮ったもの。

八王子千人同心組頭・丸山惣兵衛（八王子市郷土資料館提供）
慶応２年（1866）撮影。八王子千人同心は武蔵国多摩郡八王子（現八王子市）に配置された郷士身分（諸説ある）の幕臣集団である。惣兵衛は、現あきる野市雨間の出身で、石坂組の組頭であった。写真は、第２次長州出兵の際に大坂で撮ったものと思われる。

八王子千人頭同心見習・志村太郎（八王子市郷土資料館提供）
撮影年代未詳。幕府の陸軍歩兵指図役を務めた人物である。横浜で撮影。

川村恵十郎と長男勇（八王子市郷土資料館提供）

撮影年代未詳。恵十郎は、はじめ武州河越藩主松平直克に仕え、慶応２年（1866）の徳川慶喜の将軍就任時に幕臣となる。幕府崩壊後は慶喜と静岡に移住したが、後に新政府に出仕し、内務省に勤めて内務卿大久保利通の清国出張などに随行した。長男勇は、岩倉具視らと渡米留学したが、17 歳で病気で急逝した。

八王子千人同心頭・河野仲次郎通聿・長男章一郎（八王子市郷土資料館提供）
撮影年代未詳。通聿は安政４年（1857）２月、鉄砲方教授江川英龍に入門して西洋砲術を修め、千人同心の兵制改革に尽力する。慶応４年（1868）の上野戦争の際、200名近くの千人同心と組頭·日野信蔵と共に彰義隊に加わる。戦後、慶応義塾に学び、大蔵省に入る。写真は横浜で撮ったと思われる。

八王子千人同心頭・石坂義礼と千人隊士（八王子市郷土資料館提供）
撮影年代未詳。左から２人目が義礼、右端が息子鈴之助。慶応４年（1868）戊辰戦争の際、日光勤番中の義礼は、板垣退助率いる討幕軍が日光に迫ったことを知り、幕府軍の大鳥圭介らと相談し、日光を戦禍から守るため、東照宮を明け渡し八王子へ帰国した。しかし、一戦も交えずに日光を明け渡したことへの責任追及の声が強く、同年４月に切腹して果てた。

千人同心・日野信蔵義順（日野家蔵／日野市郷土資料館提供）
慶応年間（1865~68）撮影。義順は河野仲次郎組の組頭となり、第2次長州征伐には千人隊小司を勤めている。慶応4年（1868）の上野戦争の際には、200名近くの千人同心と組頭日野信蔵と共に彰義隊に加わる。百人長として戦い、官軍の譴責を受けたが、のち明治6年（1873）初代日野小学校校長、明治33年から日野町長を勤めていた。

幕府の軍艦・開陽丸（開陽丸青少年センター蔵）

撮影年代未詳。木造３本マスト・シップ型スクリュー蒸気船。全長 72.8 メートル、幅 13 メートル、汽走時の速力 10 ノット（時速 18.5 キロ）、排水量 2590 トン。大砲 34 門のうち 18 門が破壊力絶大な 16 センチクルップ製鋼鉄施条砲を装備。乗員は 300 〜 500 名。慶応４年（1868）８月、榎本武揚率いる脱走艦隊８隻の旗艦となったのは有名。明治元年（1868）江差沖で暗礁に乗り上げ沈没した。

新政府の軍艦・甲鉄

撮影年代未詳。原名はストーンウォール号。アメリカの南北戦争の南軍用にフランスで造られたが、竣工が遅れ、戦争に間に合わなかった。そのため日本に売られた。最初、幕府が購入する予定であったが、アメリカが新政府を認めたため、明治２年（1869）新政府が購入することになった。船は鋼鉄製装甲の軍艦。全長 58.97 メートル、幅 9.6 メートル、速力 10.5 ノット（時速 19.4 キロ）、排水量 1358 トン。巨砲アームストロング 27.9 センチ（300 ポンド）を搭載した新鋭艦であった。乗員は 135 名。

幕府海軍の首脳陣

明治元年（1868）撮影。箱館の榎本武揚政権の幹部たち。幕府陸軍はフランス式の制服であったが、幕府海軍の制服はイギリス式を採用していた。

薩摩藩兵

薩摩藩鉄砲隊（写真・文／石黒敬章）

撮影年代未詳。背後に棕櫚（しゅろ）の木が見えることから薩摩兵かと思われる。左右に丁髷の子供がいる。左の子供はピストルを持っている。ナイフでカットした彦馬使用の台紙に貼られているので、彦馬が慶応2～3年ころ販売したことは確かなようだ。同じ写真のガラス原板をオーストリアカメラマンのブルガーが持ち帰っている（ペーター・パンツァー氏所蔵）。ブルガーの写真を彦馬が複写して販売したことも考えられるが、ブルガーの来日は明治2年（1869）なので、彦馬が販売した時期より遅い。ブルガーはこの写真のネガを彦馬から譲り受けたように思われるのだが。

薩摩藩兵士（写真・文／石黒敬章）

撮影年代未詳。中央の武士はピストルを持ち革靴を履いている。ピストルはS＆Wモデル2アーミーの6連発である。坂本龍馬が護身用に持っていたピストルとほぼ同じである（龍馬使用はS＆Wモデル 11/2 ファースト・イッシューとされる）。薩摩藩は、幕府から武器の購入を禁止されていた長州藩に中継ぎをして、最新式の武器を譲り渡した。それが契機となり、犬猿の仲だった薩摩と長州の薩長連合が成立をみることとなる。歩兵銃はスタール銃に形状が似ているがはっきりしない。右と左の歩兵銃は型が違うようだ。

薩摩藩群像（写真・文／石黒敬章）

撮影年代未詳。島津久敬氏の調べでは、右から橋口半五郎（島津忠欽家臣）、小田原瑞Your（島津珍彦の家臣で藩医）、島津忠欽（島津久光４男）、島津珍彦（島津久光３男）、久敬の祖母明子の父島津忠斉（久光５男）、不明（島津の家臣か？）。撮影は浅草大代地（瓦町）の内田九一の写真館。

佐賀藩兵

箱館に出征する延年丸の佐賀藩士（『佐賀藩海軍史』所収）
撮影年代未詳。戊辰戦争において佐賀藩は、官軍の主力として、江戸・東北・北越・箱館へと陸海軍約6000以上もの大兵力を動員した。また佐賀藩は近代軍事技術を早くから導入していたため、戊辰戦争に出陣した佐賀藩士は７連発スペンサー銃やアームストロング後装砲など世界的最新兵器を装備していた。

フランス式銃陣伝習員（『佐賀藩海軍史』所収）
撮影年代未詳。

長崎伝習生亀川新八（『佐賀藩海軍史』所収）
撮影年代未詳。後の陸軍大将・宇都宮太郎の実父。

長崎伝習生増田佐馬之進（『佐賀藩海軍史』所収）
撮影年代未詳。

長崎砲術伝習員と英国人教師ホース（『佐賀藩海軍史』所収）
明治元年（1868）撮影。前列右より田口忠蔵、原次郎兵衛、ホース、通訳某。後列右より古賀藤吉、多久萬太郎、秀島轉。

長崎砲術伝習員（『佐賀藩海軍史』所収）
明治元年（1868）撮影。前列右より石丸虎五郎、中牟田倉之助、某。後列右より石川寛左衛門、多久七郎太夫、深堀左馬、相良五兵衛。

鍋島直大（『佐賀藩海軍史』所収）
撮影年代未詳。佐賀藩最後の藩主。戊辰戦争では佐賀藩兵を率いて指揮を執り、各地を転戦した。その後、明治政府に出仕し、明治４年（1871）イギリスに留学。明治 13 年、駐イタリア特命全権公使となる。

戊辰戦争に参加した佐賀藩士
撮影年代未詳。藩士の服装は、輸入した黒色木綿製の、最新の軍服である。

孟春丸（『佐賀藩海軍史』所収）
撮影年代未詳。慶応４年（1868）佐賀藩が購入したイギリス建造のスループ艦。佐賀藩では「孟春丸」と命名された。慶応４年（１８６８年）２月に佐賀藩の大隈重信が海軍先鋒総督に任命され、佐賀藩はじめ薩摩藩、久留米藩の兵員を大坂から横浜まで輸送する任務に従事した。また戊辰戦争では箱館へ移動した榎本艦隊を鎮圧の艦艇とし参加した。

日進丸（『佐賀藩海軍史』所収）
撮影年代未詳。慶応３年（1867）佐賀藩の佐野常民がオランダのギプス社に発注した木造帆走蒸気船で､明治３年（1870 年）３月に長崎に回航され、日進丸 と命名された。後に 明治新政府に移籍し、旧日本海軍に移籍して 日進となる。

孟春丸

日進丸

福岡藩士官

撮影年代未詳。藤井一寛。袖口から左肩、左襟にかけた白筋は福岡藩兵の目印。

福岡藩兵

奥羽出兵の大村藩士官

撮影年代未詳。秋田藩を支援するため大村藩兵 326 名は長崎から船で秋田へ向かい角館に入り、庄内藩や仙台藩の兵と激戦ののち、撃退している。

大村藩兵

延岡藩兵

延岡藩士官

撮影年代未詳。鳥羽・伏見の戦いに参加した延岡藩の隊長。当時 20 歳。延岡藩は親藩でもあり旧幕府軍側であった。鳥羽・伏見の戦いでは大坂に出兵し、慶応４年（1868）１月３日からは幕府軍として京都の野田口警備にあたるが、延岡藩兵が戦う前に徳川慶喜が大坂から逃げてしまったため、延岡藩は新政府に新政府軍側への参加を願い出るが、謹慎処分となる。

長州藩建武隊員（山口県文書館蔵）

撮影年代未詳。「日野家文書」（宇部市）の写真で「建武隊員硝子写真（日野宗春・赤川敬三）」と記される。赤川敬三は萩藩主の側近の一人で、文久３年（1863）７月、萩で膺懲隊を結成、総督を務めた。そして明治元年（1868）12月に膺懲隊と第２奇兵隊が合併して「建武隊」を編制。写真の前列で椅子に座っている人物が建武隊副督の赤川敬三と推測される。後列右隣の人物の上着は諸隊に支給された呉絽服(ごろふく）と呼ばれた軍服である。

長州藩兵

福山藩兵

福山藩の出兵総督・吉田吉顕

撮影年代未詳。慶応４年（1868）福山藩の箱館出兵総督になる。箱館戦争では福山藩兵約 500 人が新政府軍に加わった。

岡山藩兵

戊辰戦争に参加した岡山藩遊奇隊士たち

明治元年（1868）東京芝明神前で撮影。慶応２年（1866）、岡山藩主は、農民をもって銃隊を編成させた。銃隊は「農兵隊」、「耕戦隊」と改名、明治元年には「遊奇隊」と称した。遊奇隊は東征軍の先鋒となって箱根、小田原、江戸上野を転戦、奥州、箱館にも進撃し、戦功をもって凱旋した。その兵士たちの軍装は、断髪頭にダンブクロと呼ばれたズボン姿の近代化した堂々の軍装である。右端から「本庄周平、神阪正次、阪本興吉、楢原彦五郎、藤本貞三郎、木村又蔵」と記されている。

東征軍の岡山藩士（岡山市立図書館蔵）

撮影年代未詳。東海道から関東、東北、北海道まで転戦した東征軍の岡山藩士たち。前頁で紹介した農民出身者の「遊奇隊」の兵士と比べ、「ザンギリ頭」ではなく、まだ丁髷があり、保守的な武士階級の兵士と思われる。

牧野権六郎（岡山大学附属図書館蔵）

明治初年撮影。権六郎は藩主３代に仕え、藩論の統一に奔走し、二条城の列藩会議で大政奉還を提唱したことは有名。その後隠居するが再勤し、岡山軍事顧問に就任し、岡山藩の難局にあたった。

成田元美（岡山大学附属図書館蔵）

撮影年代未詳。成田元美も国事周旋に活躍した岡山藩士。明治４年（1871）の版籍奉還後は、藩知事池田章政の下で権大参事として改革を進めた。晩年に『備前略史』などの著書を残している。

伊木忠澄（岡山大学附属図書館蔵）
明治初年撮影。岡山藩家老の伊木長門守忠澄。戊辰戦争の際は、岡山藩を官軍側として参戦させ、周辺諸藩の恭順書を取り付けるなどに奔走し、戦火の拡大を防いだ名家老であった。隠居後は茶人三猿斎として茶室を結び、茶道を楽しんだ。この写真のガラス原板は岡山大学所蔵の池田家文庫の中から発見された。

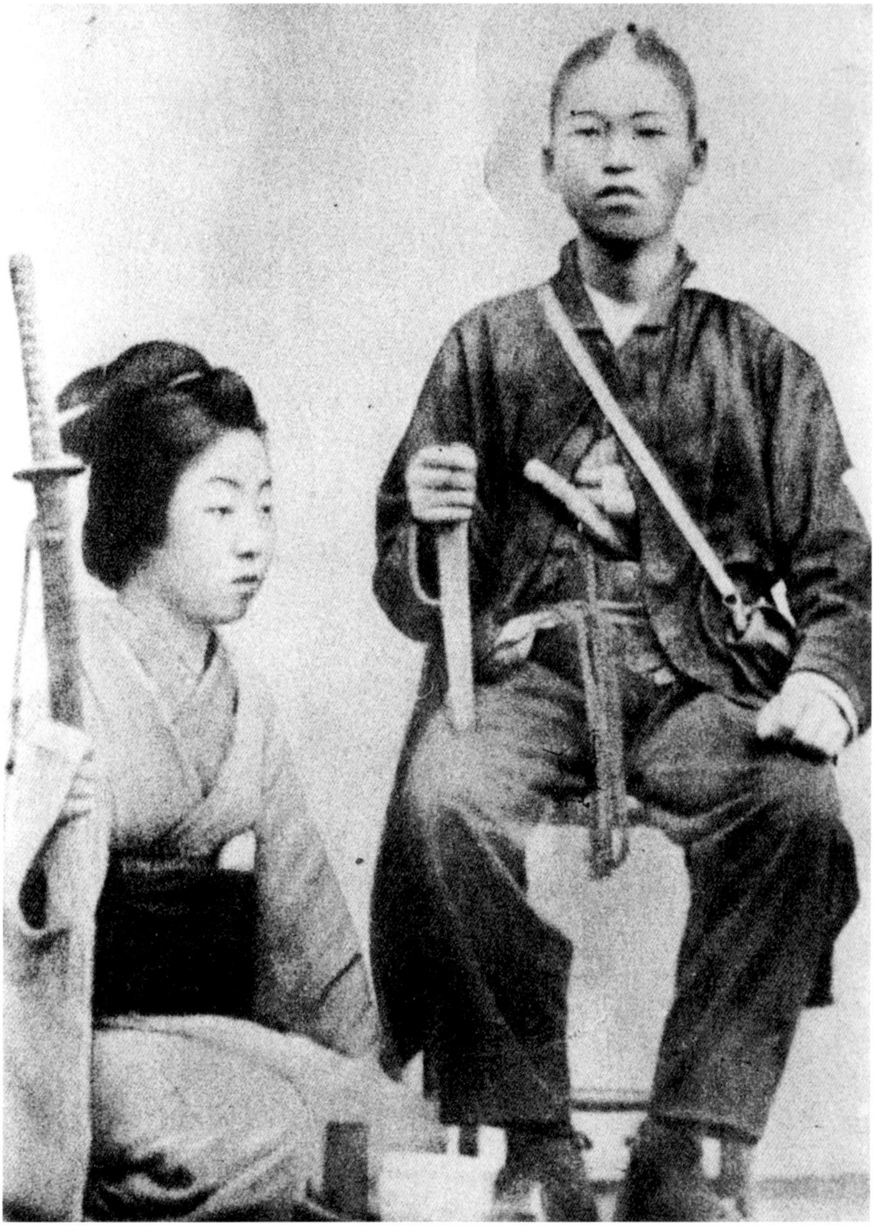

出陣する少年隊士・塩尻鶴右衛門

撮影年代未詳。戊辰戦争に出陣して東海道から奥州へ転戦。そして慶応4年（1868）6月、岩手県内での戦闘で戦死した。数え年17歳。

岡山藩兵の指揮官（左写真）

明治元年（1868）撮影。写真の裏に「明治元年東征の帰途横浜にて写す」とある。慶応4年（1868）正月、江戸の徳川慶喜を追討するため、岡山藩は官軍部隊の先鋒を命じられた。このとき天城池田家も4銃隊を組織した。この銃隊長の一人が写真の布施藤五郎。右肩の「錦切れ」は裏に大総督の印が押してあり、官軍の印とした。左腕に白く写っているのは「釘貫」という岡山藩の印。

官軍
備州
布施藤五郎

備中松山藩主・板倉勝静と家臣
慶応３年（1867）第２次長州出兵の際に写した写真といわれる。

備中松山藩兵

熊田恰（倉敷市玉島図書館蔵）
撮影年代未詳。熊田は備中松山藩きっての剣の使い手と称された。鳥羽・伏見の戦いに敗れ、帰国するが、朝敵として岡山藩兵に包囲され、部下の助命と藩の安泰のため切腹した。

備中松山藩の砲術家
撮影年代未詳。備中松山藩士山田耕三。砲術を江川英龍に学び、第１次長州出兵では銃隊小隊長として出陣した。維新後は知足斎と号して子弟に読書を教えた。

洋傘と松江藩兵士

撮影年代未詳。松江藩は慶応４年（１８６８）からの戊辰戦争では新政府に恭順している。松江藩の兵士 350 余名は奥州に進入、佐賀藩兵とともに酒田に駐屯、両藩兵で酒田を警備している。写真の兵士の足跡は不明であるが、凛々しい姿が印象的である。

松江藩兵

官軍の竜野藩士

撮影年代未詳。写真右は肩に官軍側であることを示す錦の布切れをつけた桑田仙之助為則。明治元年（1868）、奥州会津藩攻撃の際、竜野藩から派遣された15人のうちの1人に選ばれ官軍に参加。会津戦争では坂下口攻撃軍に入り、会津鶴ヶ城落城を目撃している。日記に「大手御門降伏の旗三本、立ち候」と記している。

竜野藩兵

脇坂安斐（たつの市立龍野歴史文化資料蔵）

明治2年（1869）撮影。竜野藩主。明治元年越後へ兵200人の出兵を命じられた。

山崎藩士

撮影年代未詳。山崎藩は播磨国宍粟郡周辺を領有した１万石の藩で、藩主は本多忠郷。戊辰戦争では親幕派だったが、結局新政府側についた。写真右端は山崎藩の学問所教導の山本直方で、その後、山崎小学校の初代校長となった。

山崎藩兵

加賀藩砲術指南役

慶応元年（1865）ころ江戸で撮影。加賀前田藩300石の砲術指南役・林和左衛門永敬。戊辰戦争では加賀前田藩は新政府側につき、富山藩と共に北越戦争に参加している。

加賀藩兵

上田藩兵

赤松小三郎（上田市立博物館蔵）

撮影年代未詳。上田藩士。上田藩士芦田勘兵衛2男。嘉永元年(1848)、江戸で勝海舟らに学ぶ。イギリス式兵学者として薩摩藩に知られ、慶応3年、松平慶永に対して、「民主的議会政治」が必要であると説き、坂本龍馬の「船中八策」は赤松の提言が下敷きになったといわれる。同年、中村半次郎（桐野利秋）によって暗殺された。

佐倉藩士（千葉県立中央博物館大多喜城分館蔵）
撮影年代未詳。向重遠。

佐倉藩主堀田正倫（堀田正典氏蔵）
撮影年代未詳。青年期の堀田正倫。

佐倉藩兵

佐倉藩士・川合忠兵衛一家
（堀田正典氏蔵）
撮影年代未詳。川合忠兵衛は 90 石取りの藩士であった。

佐倉藩砲術家と門弟
撮影年代未詳。砲術師範であった斎藤利和（中央）とそれに入門した鈴木泰助（左）と某。鈴木泰助はのちに陸軍砲兵工廠に勤務し小銃の製造に携わった。

官軍兵士

撮影年代未詳。「慶応四戊辰年三月於京都写清寧十八歳」の箱書きのある湿板写真である。鳥羽・伏見の戦いの直後に参加した兵士。

未詳の兵士たち

兵士（横浜開港資料館蔵）

撮影年代未詳。写真裏に「坂耕曹」と記されている。テーブルには帽子、蝶ネクタイを着け、刀をベルトに結んでいる。また、懐中時計の鎖風のものが胸近くに見える。

兵士（横浜開港資料館蔵）
撮影年代未詳。下写真と左頁写真の兵士と同じく、左袖に同じ合い印があるので、同藩の者たちか。

兵士（横浜開港資料館蔵）
撮影年代未詳。

兵士（横浜開港資料館蔵）
撮影年代未詳。

兵士（横浜開港資料館蔵）
撮影年代未詳。写真裏に「東京浅草　横浜馬車道　内田」とあり、内田九一の撮影か。

長岡藩兵

長岡藩士・井上貞蔵

撮影年代未詳。貞蔵は北越戦争では銃士隊安田多膳の配下で嚮導（きょうどう／案内役）を務めた。この隊は朝日山攻防戦などで激戦を繰り広げ、慶応４年（1868）６月２日、貞蔵は今町にて脚を撃ち貫かれ負傷をしている。左袖に「五間梯子」の藩印をつけている。

長岡藩士・松井策之進（左）と兵士
撮影年代未詳。北越戦争では砲軍司令士を務める。慶応４年(1868)5月12日越後妙見口の戦いで戦死。

刑場（横浜開港資料館蔵）
明治初年の撮影。江戸時代から明治初頭にかけて、重犯罪者はさらし首に処せられた。写真の場所は未詳。

幕末・明治のドキュメント・フォト

三井圭司

●特殊技術が必要とした湿板写真

二十一世紀の現在に十九世紀の写真を考える時、まず写真方式が現代と異なる点を考慮しなくてはならない。ポケットに収まる通信機器にカメラが付帯し、ほとんどの人が日常的に写真撮影を自ら行う現在に対して、十九世紀、特に幕末〜明治初期における写真撮影は、ごく少数の技術者によってのみ可能な特殊技術であった。同時に、これらの技能者をもってしても、瞬間を切り取ることは叶わない。

日本における初期写真で用いられたコロディオン湿板方式を例にとると、その感度はISOに換算すると約〇・一〜一である。一〇倍の開きがあるのは、これらの原板が撮影現場において作成されるため、気温や湿度、薬剤の状態やガラス板へ塗布する技術などさまざまな要素によって変化するからである。このような感度であるため、屋外撮影であっても露光にはかならず数秒間が必要である。同様に印画紙の感度も低く、ネガからの引き伸しは一般的ではなかった。つまり、例えば四つ切（二五四×三一二ミリメートル）程度のプリントを必要とする場合、同じ大きさのネガを使用することを意味する。これだけの大きさのネガ原板を使用するためには、さらにひとまわり大きいサ

イラストレイテッド・ロンドン・ニュースより「横浜港・江戸町図」（港区立港郷土資料館蔵）
1864年10月29日号

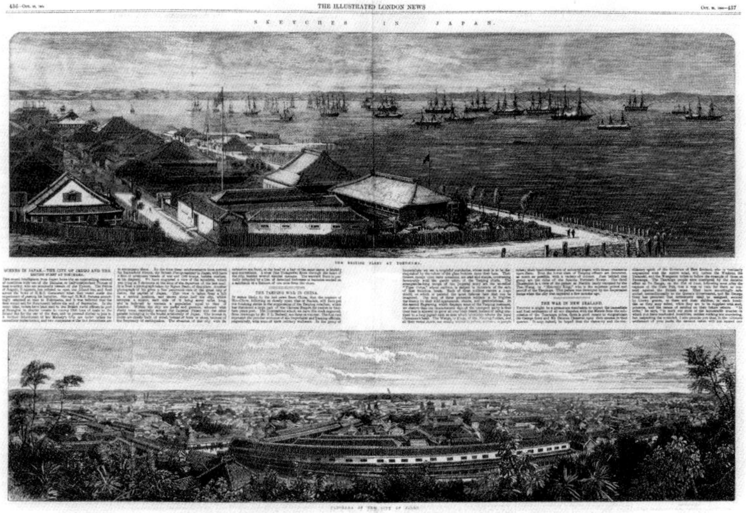

イズがカメラに求められる。また露光時間が長いため、三脚に据え付けての撮影となる。屋外で風景などを撮影する場合、撮影現場に原板作製や現像処理を行うための暗室を伴う必要がある。これはつまり、従軍した写真師によって撮影された戦場の写真は、すべて戦争の痕跡を撮影した「戦跡写真」となることを意味する。十九世紀中葉においては、弾が飛び交う戦場での写真撮影は不可能なのである。当時の人々からすれば、写真とはこのようなものであり、不自由さを感じることはなかったと思われる。しかし、現代の写真技術を享受している私たちにとってみれば、写真一枚撮るために必要な努力が、全く異なる。特に記録性を感じさせる写真を見る時、この相違を理解しているのといないのでは、大きな差違があるだろう。そして、異なる点は技術だけにとどまらない。これらを考えるスタディ・ケースとして、フェリーチェ・ベアト（Felice Beato, 1825-1903）を取り上げたい。

●従軍カメラマンだったF・ベアト

下関戦争で連合軍に占領された長州藩前田砲台（現・山口県下関市前田一丁目付近）を撮影（94頁参照）したフェリーチェ・ベアトは、文久三年（一八六三）春ごろに来日した。彼は義兄弟であるジェームズ・ロバートソン（James Robertson, 1813-1888）とのかかわりから写真技術を研鑽し、英国政府からロバートソンが依頼されたクリミア戦争の記録写真からキャリアをスタートした。その後、セポイの乱、第二次アヘン戦争と、国家あるいは軍から依頼されて戦地を撮影した。このような取材のなかでイラストレイテッド・ロンドン・ニュース誌の特

愛宕山から見た江戸のパノラマ（横浜開港資料館蔵） 明治初年の撮影。

派記者兼挿絵画家であるチャールズ・ワーグマン（Charles Wirgman, 1832 - 1891）と知り合い、訪日を決めたと考えられている。この二人は横浜で共同の工房を持って活動する。その成果として、ワーグマンが描いた報道画を複写したベアトの写真作例や、ベアトが撮影した写真を元にイラストレイテッド・ロンドン・ニュース誌に掲載された木口木版画などが現在に伝えられている。

明治三年（一八七一）、横浜の居留地で活動していたベアトは朝鮮へ遠征するアメリカ軍の艦隊に公式写真師として雇われる。アメリカ軍が朝鮮を開国させようと挑んだ「辛未洋擾《しんみようじょう》」と呼ばれる戦争の記録をするスペシャリストとして従軍したのである。ベアトは助手のH・ウーレットを従えて長崎からアメリカ軍艦に乗船した。彼はこの従軍の間に、軍人の肖像や艦隊、現地の風景や戦場などを撮影し、およそ四七枚の写真を発表している。この戦争は、アメリカ軍が朝鮮政府との合意に達しないまま立ち去ることとなり、アメリカ軍は目的を達することはできなかった。だが、ベアトの撮影した写真には、このような事実への言及や敗走するアメリカ軍の姿はない。あくまで彼らの勝利を記念するものとして作られている。ベアトの写真からは、敵側の死者、占領した砦に立ってポーズを取るアメリカ軍部隊、あるいは、大きな朝鮮軍将軍旗の前に立つ将校たちが見て取れる。この写真群は中国、日本、ヨーロッパ、そしてアメリカで販売され、ベアトに国際的注目を集める結果となった。ベアトは、明らかに史実と異なる展開の写真群を撮影して、その地位を向上させたのである。二十一世紀の我々から見た時、彼の行動は一見不誠実に映るのではないだろうか。

もちろん、現在においてこのよう事実を歪曲する写真群が販売されれば、当然それを撮影・編纂した写真家だけでなく、これを依頼した機関も「不誠実」の汚名から免れることはできない。これは、二十一世紀の現在においては、行為者ではない中立的な距離感にある組織が依頼者となり得る状況があるからであり、報道とはそうあるべきだという倫理観が確立されているからである。しかし、果たして十九世紀の写真

を取り巻く状況において､どうだっただろうか。
少し遡って、一八四〇年代初頭、最初の写真方式が誕生した直後に西欧では写真館が産声を上げ、一大産業へと成長していった。人々が最初に写真という技術によって捉えようとしたのは、人の姿だった。自画像しかり、家族の像しかりである。写真師の側から見れば、被写体＝依頼者というシンプルな関係性の元で撮影を行うという意味でもある。このとき、少なからず生じたのが、顧客からのクレームである。撮影時間が分単位であったこの時期、さまざまな道具を駆使して被写体を固定し、写真に収めた。当然、笑顔を収めることは困難を極め、硬い表情が一般的なものとなる。絶世の美男美女であっても、拘束されたうえに動くことを禁止されれば、その美しさに陰りが出ることは想像に難くない。そこで必要となったのが、修正技術である。ただし、この時代に限らず、十九世紀の写真の多くは修正されているのが通例である。光学に基づいた化学反応だけを写真技術とするのではなく、撮影後にどのような手業によるる処理ができるかも、スペシャリストとして要求される技術のひとつだったのである。つまり、写真発生直後から、いかにして依頼者の要求に答えることのできる画面を制作するかが、写真師の雌雄を決したといえる。ベアトは、純粋に依頼者であるアメリカ軍の要求に応えた写真を制作したにすぎない。逆の見方をすれば、下関戦争で連合軍に占領された長州藩前田砲台の写真も戦局がどうあれ、公開されたものだっただろう。十九世紀の写真師にとって重要なことは、依頼者からの要請であり、この延長線上に存在する信頼なのである。これが実際の戦局とどのようにかかわるかについては、彼の仕事外だったのである。
光学像を科学的に定着する写真という技術は、一般に事実を捉えるものと理解されやすい。確かに、写真を用いて絵画のようにイマジネーションを画像にすることは容易なことではない。しかし、局部的な事実をつなぎ合わせた結果が大きく道をそれることも決して難しいことではない。大同小異ならぬ小同大異を作り上げることは、いつの時代でも可能なのである。

愛宕山から見た江戸のパノラマ（横浜開港資料館蔵）

明治初年の撮影。幕末期の江戸は外交交渉等を除いて、外国人の立ち入りを制限していた。ベアトは領事一行に同行することで、この愛宕山からのパノラマ制作を成功したといわれている。78頁画面中央の長い建物は長岡藩の中屋敷、82頁中央の大きな屋根は真福寺である。真福寺の右奥には築地本願寺や大小多くの火の見櫓（ひのみやぐら）が写っている。そして、76頁画面右側には遠く台場が写っている点は重要である。ベアトが本作を制作したのは、日本に到着してそれほど時間が経っていない頃である。このころまでベアトは、クリミア戦争から写真師としてのキャリアをスタートし、英国軍と関わりが強い。このような経緯を考えると、異文化としての江戸の町並みへの興味だけでなく、首都の軍事防備も捕らえようとしたパノラマであると考えられる。

越後国長岡藩牧野家中屋敷
大和国小泉藩片桐家上屋敷

伊予国松山藩松平家上屋敷
越後国長岡藩牧野家中屋敷
浜御殿（現浜離宮）

陸奥国一関藩田村家上屋敷
越後国長岡藩
牧野家中屋敷
化け銀杏

越後国長岡藩
牧野家中屋敷

江戸城
真福寺
築地本願寺
火の見櫓

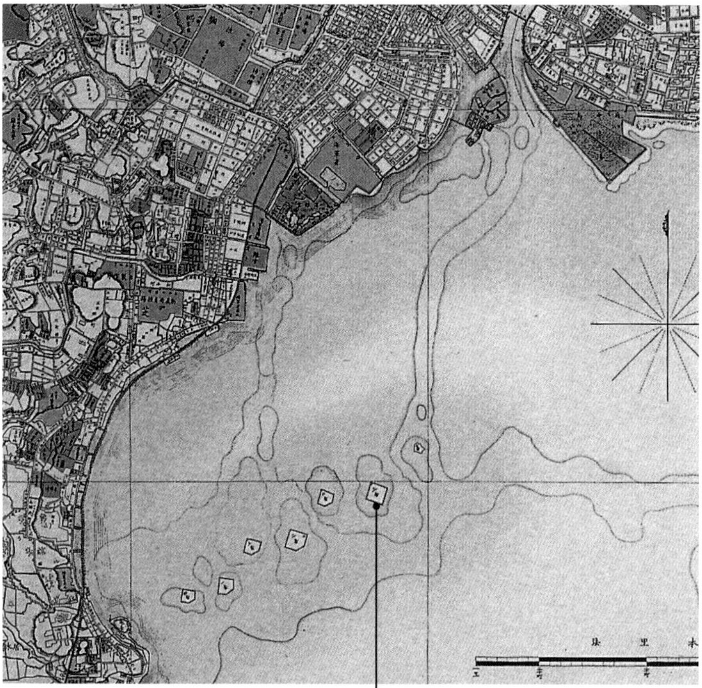

「模範大東京全図」
明治 25 年（1892）作成。地図には 6 基の台場が記されている。

台場

泥絵 御殿山御台場図（港区立みなと図書館蔵）
品川沖に浮かぶ内海台場が描かれている。御殿山は江戸有数の桜の名所として著名であった。

下田のアメリカ総領事館・玉泉寺
撮影年代未詳。日米和親条約締結から約2年後の安政3年（1856）7月、初代駐日総領事ハリスが着任。8月5日玉泉寺に総領事館が開設された。以後、タウンゼント・ハリスが江戸に移るまでの3年弱、アメリカの在日公館であった。

下田にアメリカ総領事館開設

東浦賀
明治中期撮影。愛宕山より新町・大ヶ谷を望む。

安政元年(1854)にアメリカ全権ペリーと日本全権林復斎、井戸覚弘、伊澤正義、鵜殿長鋭との間で、日米和親条約(神奈川条約)12ヵ条が締結された。条約の第11条に下田領事駐在規定がある。英語版では、「二つの政府のうちいずれかがその必要性を認めた場合」とあるのに対し、日本語版は「両国双方の合意」と明記されている。アメリカは必要性を認めて、安政3年7月にハリスを来航させ、8月5日、伊豆玉泉寺に総領事館を開設した。

マシュー・ペリー提督肖像

アメリカの東インド艦隊司令官。アメリカ海軍では「蒸気海軍の父」といわれる人物。

絵入りロンドン・ニュース

（横浜開港資料館蔵）

ペリーの日本遠征の目的や艦隊の編成、ペリーの経歴や人物像などが紹介されている。

ペリー神奈川（横浜）上陸図（横浜開港資料館蔵）

ペリーが 500 名の武装水兵を率いて上陸した際の様子を描いている。

外桜田門（松戸市戸定歴史館蔵） 明治初期撮影。現在の警視庁前に位置する門。

桜田門外の変

安政７年(1860)3月３日、大老井伊直弼の行列が杵築藩上屋敷前にさしかかった時、大名駕籠見物を装っていた水戸浪士たちが関鉄之助の指揮のもと一発の銃声を合図に斬りかかった。数分間の戦闘の末、薩摩藩士有村次左衛門が直弼の首級をあげた。浪士らは日比谷門方面に逃走し、有村ら４名は途中で自刃した。彦根藩士は８人が死亡、12人が負傷した。この事件は安政の大獄の復讐であった。

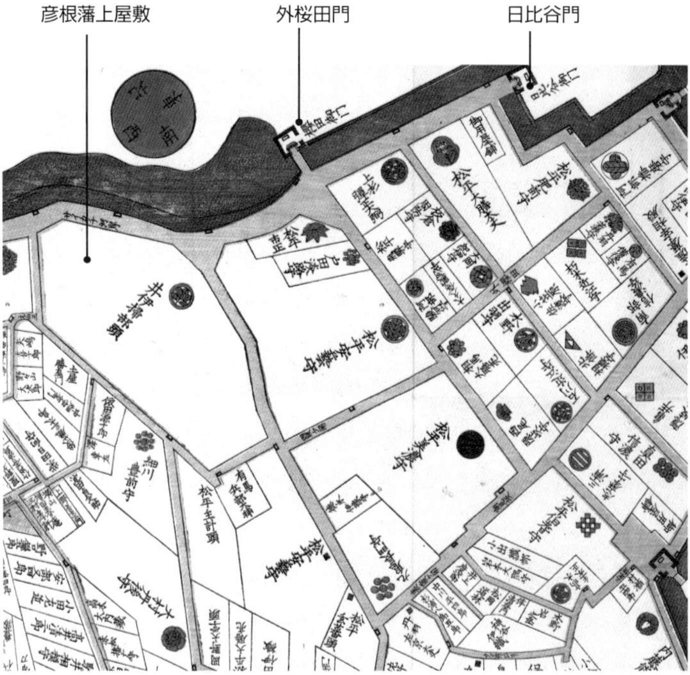

「麴町永田町外桜田絵図」

嘉永３年（1850）の作。彦根藩上屋敷は西之丸下の外桜田門の近くの堀端の一隅を占めていた。事件現場は彦根藩上屋敷と外桜田門の間にある「松平市正」屋敷付近。

外桜田門（長崎大学附属図書館蔵）

撮影年代未詳。西之丸下にある桝形門。主に日比谷や霞ヶ関方面に上屋敷を構える大名が登城するときに使用した通用門。

ヒュースケン斬殺事件

万延元年(1860)12月5日、来日中のプロイセン使節オイレンブルグ一行と幕府との通商条約交渉に通訳として協力していたヒュースケンが赤羽の使節接遇所から麻布善福寺(アメリカ公使館)に帰る途中で、中ノ橋付近で待ち伏せていた薩摩藩士伊牟田尚平らに襲撃され、落命した。黒幕は清河八郎ともいわれている。12月8日、ヒュースケンの葬式が行われ、遺体は南麻布光林寺に埋葬された。

アメリカ公使館善福寺（長崎大学附属図書館蔵）
通左手前の提灯の奥に子院善光寺があり、通訳ヒュースケンが宿所とした。

有馬屋敷と町家（小沢健志氏蔵）文久３年（1863）～元治元年（1864）ころの撮影。写真左に久留米藩有馬屋敷、中央の橋は中ノ橋、川は古川、右側に町家が連なる。

東禅寺事件の現場（長崎大学附属図書館蔵）
撮影年代未詳。F・ベアト撮影。

イギリス公使襲撃事件

文久元年(1861)5月28日夜、水戸藩士有賀半弥ら14名がイギリス仮公使館(東禅寺)を襲撃し、1等書記官オリファントと長崎駐在領事モリソンが負傷した。特派全権公使オールコックは前日、長崎から陸路日本全国を旅して江戸に帰り着いたばかりで、この旅行が「神州を汚す」という理由であった。老中安藤信正と幕府の外交顧問官シーボルトとの間で会見が持たれ、事件解決の糸口を見つけた。この事件の警衛に当たり、文久使節団に加わった斎藤大之進はイギリスを訪れた時(1861年7月6日)に「英国公使館防衛に勇敢なる行動に対して」片面にビクトリア女王の肖像が入ったメダルを贈られている。

イギリス公使館高輪東禅寺(右)
(長崎大学附属図書館蔵)
文久3年(1863)F・ベアト撮影。東禅寺の入り口。安政6年(1859)6月4日、イギリスの駐日総領事オールコックは東禅寺に入り、ここに総領事館を置いた。

公使警護の武士たち(横浜開港資料館蔵)
撮影年代未詳。F・ベアト撮影。原宿(現静岡県沼津市)の植松家の庭園にて撮影される。オランダ公使を護衛したときのもの(東禅寺の護衛の武士たちは16頁を参照)。

生麦事件

文久２年(1862)8月21日、薩摩藩士奈良原喜左衛門が、武蔵国生麦村で、島津久光の行列を乱したという理由で、英国商人リチャードソンらを殺傷した。幕府は事件の予測をして、あらかじめ各国公使達に伝達したほか、神奈川奉行阿部正外などは犯人逮捕に尽力したが、政事総裁職松平慶永と老中との間の足並みが整わないなど、事件解決がはかどらなかった。また、オールコックがイギリスに戻っていたため、対日外交の主導権がフランス全権公使ベルクールにあり、日仏関係からもこの事件を評価する必要がある。翌年７月２日、報復として薩英戦争を起こした。

生麦事件の現場（横浜開港資料館蔵）
撮影年代未詳。

前田砲台を占領したイギリス軍（横浜開港資料館蔵）
撮影年代未詳。

下関事件

文久３年 (1863)5 月 10 日、攘夷期限到達を理由に、長州藩の軍艦が下関海峡通行中のアメリカ商船ペンブローク号をはじめ、フランス軍艦キャンシャン号、オランダ軍艦メデューサ号を砲撃した。6 月には、英仏蘭の報復攻撃があり、更に池田長發を正使とする使節団がフランスに派遣され、賠償金等を明記した「約定」を取り交わした。幕府がこれを履行すれば戦争回避があり得たが、幕府は廃棄したため、元治元年 (1864)8 月 5 日、英仏蘭米 4 カ国の連合軍が長州藩に対し、総攻撃を仕掛けた。9 月 22 日に「下関取極書」を締結し、事件は収束に向かう。

萩藩の破壊された砲台（横浜開港資料館蔵）
撮影年代未詳。萩藩陣地から撤収した大砲を上陸用舟艇に積み込むイギリス軍。

鎌倉事件

元治元年(1864)10月21日、イギリス人士官ボールドウィン陸軍少佐とバード陸軍中尉が大仏見学のため、馬で鶴岡八幡宮近くに来たところを浪士清水清次らが背後から斬りつけて絶命させた。幕府は、イギリス公使の圧力で懸命の捜査の結果、清水ら3人を捕らえ、11月29日に処刑した。

鎌倉事件の現場（横浜開港資料館蔵）
撮影年代未詳。

二条城本丸仮御殿（徳川慶朝氏蔵）
撮影年代未詳。幕末に撮られた二条城本丸仮御殿。写真左側に徳川慶喜の仮御殿、二の丸へと向かう廊下、右端に二の丸御殿の大屋根が見える。

大政奉還

慶応3年(1867)10月3日、土佐藩士後藤象二郎らが前藩主山内豊信の大政奉還建白書を幕府に上申した。同6日、安芸藩からも出された。同13日、徳川慶喜は在京40藩の重臣を二条城に集め、大政奉還決意書を示し、公議による新体制樹立に向け、各藩主の上京を命じた。その後、西周に国家三権の区別、イギリスの議院制度について尋ねた。同14日、慶喜が大政奉還を上表し、同15日に朝廷が受諾し、諸藩主に11月末までの上京を命じる。11月、西が慶喜に列藩会議の趣旨、組織等に関する意見(議題草案)を起草し、「大君制」国家樹立構想を打ち出した。

二条城（小沢健志氏蔵）
撮影年代未詳。

戊辰戦争

慶応４年(1868)1月３日、鳥羽・伏見の戦いを皮切りに始まった一連の戦いを戊辰戦争という。旧幕府軍に対し､薩摩軍が完勝した。同７日、新政府から慶喜征討令を出し、有栖川宮熾仁親王を総督とする東征軍が組織され、徳川軍の攻撃を受けずに進撃し、江戸城総攻撃に備えた。２月23日、旧幕臣天野八郎らが彰義隊を組織し、上野を占拠した。４月11日、西郷隆盛と勝海舟の会見もあって江戸城無血開城を成し遂げ、江戸城が新政府軍に接収された。５月15日、大村益次郎指揮の新政府軍により上野彰義隊は壊滅した。

大坂城（大阪城天守閣蔵）
慶応元年（1865）撮影。

会津若松城（会津若松市役所蔵）
撮影年代未詳。

会津戦争

慶応4年(1868)5月3日、奥羽25藩の重臣たちが白石城に集まり、輪王寺宮公現法親王を東武皇帝とし、仙台藩主伊達慶邦を盟主とする奥羽越列藩同盟が締結されたが、4ヶ月で瓦解した。同年7月19日、長岡の戦いが行われ、河井継之助率いる長岡藩も、死闘のすえ、新政府軍に敗れた。8月23日、飯盛山で白虎隊士が自刃し、9月22日、会津藩は開城し降伏した。その後、会津藩は斗南藩に転封された。

五稜郭の戦い

慶応4年(1868)8月19日夜、榎本武揚が品川沖の旧幕府艦隊8隻をともなって脱走。9月、仙台で土方歳三、大鳥圭介らの部隊と合流し、蝦夷地を目指した。10月26日、旧幕府軍は五稜郭を無血占拠。12月5日には、榎本武揚を総裁とする「蝦夷地共和国」を樹立。明治2年3月、旧幕府軍は宮古湾で新政府のストーンウォール号を奇襲するが失敗。4月、1300の新政府軍が乙部に上陸し、土方隊と二股口で激戦となった。大鳥らは四稜郭や権現台場を築造し、防御に当たった。5月1日、二股口を新政府軍に突破され、11日に陸海からの箱館総攻撃が開始され、土方が戦死。同18日、榎本が降伏し、戦争は終結した。

五稜郭奉行所（函館市中央図書館蔵）
明治初期の撮影。

熊本城（長崎大学附属図書館蔵） 明治７年（1874）撮影。西南戦争前の写真。

西南戦争

西南戦争は、明治６年(1873)の政変で鹿児島に下野した西郷隆盛が、西郷を慕い私学校に集まった桐野利秋らと共に政府糾問のために挙兵した戦争である。明治10年(1877)2月15日、西郷軍１万３千余の軍(後に総兵３万以上ともいわれる)は東京をめざし熊本に進軍。これに対し、熊本の鎮台司令長官谷干城は西郷軍の上京を阻止する籠城を決意。ここに熊本城の攻防戦が開始された。鎮台兵は兵糧もつき、雑草を食べたりしながら、50日余を守城、政府からの援軍の攻撃もあり、西郷軍を鹿児島に撃退する。９月24日、西郷は鹿児島城山を下る途中、政府軍の銃弾を受け、別府晋介に介錯され命を絶った。ここに西南戦争は終結した。

熊本の戦場 明治10年(1877)撮影。弾痕が生々しい田原村の土蔵。

熊本鎮台の首脳部（冨重清治氏蔵）

写真は籠城前の撮影という説もあるが、将官が正装して勲章をつけていることから、西南戦争の翌明治 11 年（1878）の撮影と考えられる。前列右から２人目が樺山資紀参謀長、その左に谷干城司令長官。冨重利平撮影。

鹿児島の戦場 明治10年（１８７７）撮影。城山付近。

幕末生まれの肖像
――十八・十九世紀の日本とその時代を生きた男たち

塚越俊志

●「内憂外患」の時代

「鎖国」によって、徳川幕府は宗教の統制と貿易の制限、交際国の限定を図った。その一方で、「四つの口」によるヒト・モノ・情報の流通が行われた。更に五代将軍綱吉による文治政治により、江戸時代は国内の安定時期に入った。

こうしたなかで、文化の高揚があり、日本の文化は発展を迎えた。また、「鎖国」によって、限定的な交流が東アジアのなかで行われた。朝鮮通信使や琉球慶賀使・謝恩使をはじめとする「通信之国」、そして「通商之国」に挙げられた中国（清朝）、オランダ（十八世紀という時期に限るとジャワ政庁から来ているオランダ人が多い）がいる。つまり、「鎖国」により、東アジアを中心とする国際関係が構築されたことを意味する。そして、「鎖国」の下で国際交流を深め、文化にも相互的な影響を与えたと考えられる。これは同時に、中国・朝鮮も政治的な安定期にあったことが大きい。オランダも含めると、東アジア流通経路が地理的条件とも相まって、築かれたといえよう。東アジア経済圏とでもいうべきものが出来つつあった。

そして、この体制が徐々に揺らぐことになるのは、まずは気象的条件であり、東アジアは間氷期に入ったことによる社会変革（飢饉など）

「築地石矢鋳立方絵図」
（鍋島報效会蔵）
佐賀藩の反射炉や作業所を描いた図。

を余儀なくされた。また、西欧諸国による植民地競争や捕鯨漁が東アジアに広がったことも東アジアにおける秩序を揺るがすことになった。とりわけ、日本にとってはロシアの南下により、さまざまなシステムの見直しを求められたのである。

ここで、登場するのが松平定信である。定信の政治姿勢は過去に原因を求め、現在に活かし、更には未来を制するという展望があった（『「鎖国」という外交』）。では未来を制する展望とは何か。そもそも西欧諸国の接近は日本に限らず中国や朝鮮にも外国船が接近しているという背景をとらえるならば、海防は日本だけの問題ではなかったはずである。そのなかでもとりわけ日本は島国なので、意識は中国や朝鮮に比べると高かったことは間違いない。

すなわち、東アジア流通経路を脅かす西欧諸国が接近した以上は、東アジアの諸地域で広範囲な海防が必要になったはずである。このことから、定信が未来に求めたのは東アジア流通経路を維持するための東アジア領域による海防を望んでいたのではなかろうか。

西欧諸国の接近はウェストファリア体制を東アジアにもたらしたほか、グロティウスによる国際法の観念がその後、さまざまに解釈され、東アジアにも普及した。同時にキリスト教も東アジアに拠点を作るが、彼ら宣教師たちはキリスト教を広めるうえで強引におしつけるのではなく、その地方における文化との融合を図りながら、広がりをみせた。このような西欧諸国の接近は必ずしも東アジアを脅かすものではなく、同時に東アジアの文化や社会と融合しながら、発展していったと考えられる。

そして天保九年（一八三八）、水戸藩主徳川斉昭は十二代将軍家慶に「戊戌封事」を提出し、このなかで「内憂外患」を主張し、水野忠邦による天保の改革が始まる。天保期以降、各藩の藩政改革も目立った。薩摩藩では島津重豪が調所広郷を採用し、琉球（清朝）との密貿易で藩債を返し、これが島津斉彬の西洋文明の導入につながる。また、長州藩では毛利敬親が村田清風を採用し、越荷方を下関に設置し、莫大な利益を挙げた。佐賀藩では鍋島直正が均田制の導入や有田焼等の専売制で資金をため、日本で最初の反射炉設営に成功する。土佐藩では山内容堂が吉田東洋を登用し、藩政改革を行った。水戸藩では徳川斉昭が藤田東湖や会沢正志斎等を登用し、藩政改革につとめた。幕府も高島秋帆から洋式砲術を学ぶほか、韮山代官江川太郎左衛門（英龍）が反射炉を作るなど、江戸内海防禦体制を整えていった。また、蘭学者も西洋の研究を始めたのである。

その後、天保末期から弘化期になると、老中土井利位・真田幸貫による海防がなされるが、新潟奉行川村修就は日本海側の海防を積極的に進めていった。こうしたなか、弘化元年（一八四四）、オランダ国王ウィレム二世から「開国勧告」がなされるが、これを幕府は拒絶している。

一八五一年五月、東インド艦隊司令長官オーリックは、漂流民を日本に還す目的で、対日通商関係を開始するようつとめた。同年五月二十九日、遣日使節の全権委任状を得た。しかし、中国で準備を整えていたオーリックのもとに解任の指令が下された。彼の性格や部下との関係がうまくいっていなかったようである。そして、後任の東インド艦隊司令長官と遣日使節に任命されたのがペリーである。

●勝海舟の世界観

嘉永五年（一八五二）、オランダ商館長クルティウスが「別段風説書」をもたらして、ペリー来航予告を老中阿部正弘に告げただけでなく、シーボルトも来日使節団に随行したい旨をアメリカ政府に申し出たほか、ロシアにも遣日使節を送るべきであると説いた。スイス連邦大臣ダニエル・アンリ・ドゥルイも一八五二年にアメリカ艦隊の日本派遣について言及している。

ここで、勝海舟の動きを中心に幕末・維新期の情勢を見ていくこととする。勝海舟は文政六年（一八二三）に旗本勝小吉と母のぶの長男として江戸の本所亀沢町（現墨田区両国）に生まれた。同十二年、十一代将軍家斉の孫初之丞（一橋慶昌）の相手をつとめた。同十一年、海舟は小吉の甥にあたる男谷信友のもとに入門し、剣術を習った。天保九年（一八三八）、海舟は家督を相続する。そして、男谷の奨めで中津藩士島田虎之助のもとで、剣の修行に励んだ。同

「阿蘭陀機密風説書」
（徳川林政史研究所蔵）
嘉永４年（1851）と同５年の「オランダ別段風説書」を合冊したもの。尾張藩主徳川慶勝の直筆本。

勝海舟（福井市立郷土歴史博物館蔵）
明治９年（1876）に２代目内田九一写真館で撮影。

十三年くらいから蘭学を始めたようである。

弘化二年（一八四五）、幕臣岡野孫一郎の養女たみと結婚する。同年、黒田藩邸内に住む蘭学者永井青崖に入門し、本格的に蘭学を学び、同四年から蘭和辞書『ドゥーフ・ハルマ』の筆写を始めた。蘭和辞書『ドゥーフ・ハルマ』二部の筆写を終えたのは、自筆の跋文によると、嘉永元年（一八四八）八月二日である。また、海舟はヨーロッパの軍事科学や国際政治について記した『ソルダート・スコール』というオランダの兵学書を写本しており、後の糧としている。また、世子だった時期（嘉永四年より前）の島津斉彬に蘭書の筆写を頼まれ、面会したという。

嘉永三年、父小吉が死去し、海舟は赤坂の自邸に私塾氷解塾を開き、蘭学と西洋兵学を講義した。このころ、高野長英が海舟のもとを訪れ、自ら筆写した跋文を記した荻生徂徠の「軍法不審」（『鈴録外書』第一巻）を置いていったほか、佐久間象山を知るのもこの時期である。同六年、ペリーの来航にともない、老中阿部正弘は幅広く意見を集めた。海舟も「海防意見書」

五カ条を提出し、身分を問わず有能な人材を登用することや江戸内海台場の防備、軍艦の建設や西洋砲術の導入などを骨子とした海防論を展開した。同七年十二月二十六日追認の伊勢松坂（阪）の豪商竹川竹斎に宛てた書簡（『勝海舟全集』第十巻所収）によると、海舟が目付大久保忠寛（一翁）と親交を深めていたことがうかがえる。また、竹斎は勝に『護国の後論』を献上している。

安政二年（一八五五）一月、海舟は大久保の計らいによって、下田取締掛手付として、蘭書翻訳業務を行うようになった。これが幕臣として初めての仕事であった。そして、大久保に随行し、伊勢・大坂方面の海防状況を視察した。七月には、長崎海軍伝習所に入所する。伝習所では、化学や数学といった基礎科目や実技のほか、第一次伝習時には『蚊鳴餘言』という見聞記が残されている。ここで、実学以外に聞き学問を行ったことで、世界に対する幅広い視野が開けたのである。そして、この伝習の延長線上にあるのが、万延元年（一八六〇）に海舟が艦長をつとめる咸臨丸のアメリカ行きである。この時も体験学習を行っているほか、サンフランシスコでは見聞学習を行っており、『サンフランシスコ紀行』にその時の記録が残っている。帰国後、ミシンなど西洋文明の象徴的な物を持ち帰っている。海舟の自信は「学ぶ」姿勢によって形成されていったように思われる。

海舟は文久元年（一八六一）、天守番之頭格・講武所砲術師範役に登用され、翌年、坂本龍馬が門下生となり、更に軍艦奉行並に進み、福井藩政治顧問横井小楠のもとを訪れ、海軍について話し合った。同三年、摂海防衛のため台場建設を命じられた。海舟はペリー来航以後、神奈川台場の建設にかかわった経験があり、適任であった。また、神戸海軍操練所設立を将軍家茂から許可されたほか、家茂に随行し、翔鶴丸で大坂に入り、元治元年（一八六四）、軍艦奉行に昇格し、神戸海軍操練所の運営を行ったが、まもなく幅広い人材登用がたたって閉所に追い込まれ、軍艦奉行罷免となった。この時期に西郷隆盛と初めて会っている。

慶応元年（一八六五）、軍艦奉行に復帰し、長州戦争などの調停を命じられるなど、幕府と

勝海舟（港区立港郷土資料館蔵）　撮影年代未詳。江戸開城談判のころの勝海舟。

竹川竹斎
（松阪市・射和文庫／竹川隆子氏蔵）
慶応3年（1867）撮影。イギリス公使・パークス邸で撮った写真

勝海舟がアメリカから竹川竹斎によせた写真
（松阪市・射和文庫／竹川隆子氏蔵）

諸藩との橋渡し役を担った。同三年、大久保忠寛が勝邸を訪れ、大政奉還が行われたことを聞き、榎本武揚からの手紙によって王政復古のクーデタを知った。そして、戊辰戦争がはじまり、慶喜が海上、江戸に逃げ帰ると海舟は陸軍総裁として戦後処理を担うこととなる。そして、軍事取扱に任命され、西郷隆盛との間で江戸城無血開城を成し遂げたのである。その後、イギリス人通訳官サトウ、公使パークス、ケッペル提督と会談を行った。更に、慶喜に随い駿河に移った。

明治二年（一八六九）、海舟は東京に戻り、外務大丞、兵部大丞を経て、海軍大輔となり、参議兼海軍卿へと進んだ。その後、台湾出兵、日清戦争に反対した。海舟にとってアジアとは共に歩むべきパートナーであり、日本が東アジアを脅かすのではなく、お手本となるべきであると企図したのである。それは次の一文からもうかがえる。海舟は明治になって、東アジアの構想を「文久の初、攘夷の論甚だ盛にして、摂海守備の説、亦囂々たり。予建議して日く、宜しく其規模を大にし、海軍を拡張し、営所を兵庫・対馬に設け、其一を朝鮮に置き、終に支那に及ぼし、三国合従連衡して西洋諸国に抗すべしと。」『海舟秘録』で示している。文久の初めころというと、長州藩士長井雅楽が「航海遠略策」を示した時期で、その後、海舟が横井小楠から「公共」の精神を学ぶことによって、海舟の考えが深まった。そして、海舟の考えには、外圧を排除するには、一時的に外国と開国しても国内統一や富国強兵を優先すべきであるという津和野藩の国学者大国隆正らによって提唱された「大攘夷」的発想が念頭にあったように思われる。

明治三十一年、海舟は徳川慶喜を維新後初めて参内させることに成功した。翌年、慶喜の十男精を養子に迎え、孫の伊代子と結婚させたが、明治三十二年一月十九日、脳溢血で死去し、洗足池のほとりに葬られた。死に際まで付き添っていた妹順に対して放った海舟の最期の言葉は「これでおしまい」であった。勝海舟が愛用した取手つきの羅針盤は現在も日本の進むべき道を示してくれている。

勝海舟（松阪市・射和文庫／竹川隆子氏蔵）

上写真に同封された書状には「安政七申年正月、蒸気軍艦でアメリカの西岸サンフランシスコに到着した。わが国で太平洋を横断したのは初めてのことである。私は小さいころより外国の事情を探究し、あわせて外患に備えようとの志があったが、咸臨丸を指揮して米国に渡った。多年の希望がかなえられたというべきでしょう。ここにわが友竹斎竹川翁が五年前私に白銀の太刀を贈って下さったおり、その太刀に寄せて、もし外国との間に事がおこったならば、かならずこの太刀をさし、国家のため活用されたいとあなたは申された。今年はこのような重大な任務にたずさわることになって、翁の厚い志に報いなければならない。それにしても私の将来にこのようなことのあることを見通されたあなたの慧眼にほとほと感服いたしております。この一枚の拙像はアメリカ人に写真機でとってもらったもので、翁のご厚志のお返しとしてお送りいたします」と記されていた。

文化8年1811年生　文化6年1809年生

●近年の出来事●　文化６年／間宮林蔵、単身でカラフトに渡り、ロシアのデレンに到着

佐久間象山（国立国会図書館蔵）

［さくま　しょうざん／1811－1864］

松代藩士。藩主真田幸貫の側右筆組頭佐久間一学(国善)の子。象山は6歳の時に『四書』をマスターして近所の子供たちに講義したといわれている。また、江戸に上り、佐藤一斎、松崎慊堂、梁川星巌、藤田東湖といった当代一流の学者たちと親交を深めた。象山は勝海舟の実妹順子と結婚し、西郷隆盛、木戸孝允、大久保利通らとも交流した。また、江川太郎左衛門（英龍）に師事し、西洋砲術を学び、大砲の設計･鋳造･試射を行った。元治元年（1864)、象山自ら草案した「開港の勅許」案を携えて、山科宮邸に向かう途中、尊攘派志士河上彦斎らに惨殺された。

島津斉彬（尚古集成館蔵）

［しまづ　なりあきら／1809－1858］

薩摩藩主。第10代薩摩藩主島津斉興長男。嘉永2年(1849)のお由良騒動を経て、嘉永4年に斉彬は藩主となった。彼は先進的で好奇心が強く、個人的にアルファベットを学び、写真撮影を行ったほか、藩の事業として反射炉や溶鉱炉を建設(現尚古集成館)し、鉄鋼や薩摩ガラス、ガス灯製造などのほか、洋式帆船を完成させ、蒸気機関の国産化を試み、日本初の洋式帆船昇平丸を建造するなど、軍需や民需の西洋技術や生産力を取り入れた。この政策は斉彬の「日本をして世界に冠たらしめんと思ふ」(『島津斉彬言行録』）という言葉に象徴されているだろう。

文化11年 1814年生

●近年の出来事● 文化11年 / 伊能忠敬、姫路から松本を経て、江戸に帰着。『沿海実測全図』完成

鍋島直正（北海道大学附属図書館北方資料室蔵）

鍋島直正（北海道大学附属図書館北方資料室蔵）

［なべしま なおまさ／1814－1871］

第10代佐賀（肥前）藩主。第9代佐賀藩主鍋島斉直の子。直正は佐賀藩の財政改革や教育改革（藩校弘道館）を行ったほか、財政を切り詰めるため、自ら質素倹約につとめたという。また、佐賀藩医をつとめた楢林宗建に牛痘法を研究させ、日本で最初に牛痘法に成功し、天然痘撲滅の道を切り開いた。また、佐賀藩の築地（ついじ）反射炉はオランダ船の鉄を利用して作られたといわれ、完成度も高かった。初代開拓使長官に任じられたが、赴任することなくその任を解かれた。

鍋島直正（港区立港郷土資料館蔵）

文化14年1817年生

●近年の出来事● 文化14年／イギリス船が浦賀に来航

大久保一翁（福井市立郷土歴史博物館蔵）

[おおくぼ いちおう／1817－1888]

幕臣。元老院議官。幕臣大久保忠向長男。勝海舟に洋学を学び、老中阿部正弘に見出されて、大目付・勘定奉行などをつとめた。松平慶永とも親交が厚く、最も早く大政奉還を唱え、徳川慶喜の大政奉還後、勝と共に江戸城明け渡し交渉にあたったほか、徳川家存続に尽力した。新政府では、東京府知事や元老院議官などを歴任した。

大久保一翁

（北海道大学附属図書館北方資料室蔵）

島津久光（福井市立郷土歴史博物館蔵）

[しまづ ひさみつ／1817－1887]

左大臣。島津斉興の子。文久2年（1862）、1000名余の藩兵を率い入京、寺田屋事変を収拾し、ついで大原重徳の警衛をして、江戸に向かい、幕政改革を成功させた。その帰りに、生麦事件を起こし、翌年、薩英戦争を戦った。この後、久光の叙任問題が起こるが、これは大原勅使によって幕府へ要請されたもので、単純に叙任を求めたわけではなく、朝廷側の対薩摩不満の感情に端を発したものであるという見解がなされている。明治に入り、西南戦争では中立を守ったほか、死去した。

文政元年 1818 年生

●近年の出来事● 文化 15 年・文政元年／「江戸朱引図」が作成され、正式に江戸の範囲が定まる

松浦武四郎 (松浦武四郎記念館蔵)

[まつうら たけしろう／ 1818 － 1888]

伊勢郷士の子。開拓判官。伊勢郷士松浦慶裕 4 男。天保 7 年 (1836)、四国を訪ね、第 7 代宇和島藩主伊達宗紀に会った。嘉永元年 (1848) 年、武四郎は老中阿部正弘に「海防策」を提出。嘉永 6 年、宇和島藩士小池九蔵と共に江戸宇和島藩邸警衛にあたった。安政元年 (1854)、宇和島藩士吉見左膳と下田を調査。伊達宗城に「蝦夷地図」や「蝦夷日記」を献上。明治に入り、開拓判官となった武四郎は蝦夷地が北海道に改称されて最初の地図「北海道国郡図」を作成。この地図の「寧静致遠」は伊達宗城が書いたものである。

文政3年1820年生　文政元年1818年生

●近年の出来事●　文政３年／幕府、相模国の沿岸警備を浦賀奉行に命ずる。山片蟠桃『夢の代』完成

清水次郎長（梅蔭寺次郎長資料室蔵）

[しみずの　じろちょう／ 1820 － 1893]

幕末・明治の侠客。本名は山本長五郎。駿河国有渡郡清水町美濃輪町の船持ち船頭高木三右衛門（雲不見三右衛門）次男。天保14年（1843）、次郎長は喧嘩をした挙句、人を斬り、妻と離婚し、無宿人となった。諸国を旅行し、最終的には清水港に家を構えた。弘化4年（1847）、江尻大熊の妹おちょうを妻に迎えた。慶応4年（1868）、東征大総督府から駿府町差配役に任命された伏谷如水から街道警固役を仰せつかり、この職を全うした。榎本艦隊が品川沖を出た後、咸臨丸が暴風にあい、碇泊していたところを新政府軍に攻撃され、多数の死体が清水港に打ち上げられていた。逆賊として放置された死体を次郎長は回収し、手厚く葬った。明治期の彼は、弱い者を守ったが、明治17年（1884）の「賭博犯処分規則」により逮捕されるが、関口隆吉らの尽力で釈放された。明治26年、風邪をこじらせ死去した。梅蔭寺に彼の銅像が建てられている。

伊達宗城（福井市立郷土歴史博物館蔵／上・下）

[だて　むねなり／ 1818 － 1892]

第8代宇和島藩主。幕臣山口直勝の子。安政5年（1858）の将軍継嗣問題や条約勅許問題で、松平慶永や山内豊信と協力して活躍した。安政の大獄で譴責を受けて隠居するも、まもなく復帰し、公武合体を推進し、維新後は議定や大蔵卿をつとめた。人材発掘に長けており、高野長英や村田蔵六（大村益次郎）らを採用したほか、身分制にとらわれない軍事改革を行っている。

伊達宗城

文政 6 年 1823 年生　　文政 4 年 1821 年生

●近年の出来事● 文政６年／ドイツ人シーボルト、医師として長崎に着任

板倉勝静（港区立港郷土資料館蔵）

[いたくら かつきよ／1823－1889]

備中松山第７代藩主。老中。桑名藩初代藩主松平定永８男。農商出身の陽明学者山田方谷を抜擢して藩政改革に成功。安政の大獄で、寺社奉行を罷免されるが、文久元年（1861）復帰。翌年から老中をつとめ、徳川慶喜の信任も厚く、大政奉還に尽力した。戊辰戦争では、奥羽越列藩同盟の参謀をつとめたほか、五稜郭の戦いまで新政府軍に抵抗した。新政府に出仕することもなく悠々自適の生活を送った。

村田氏寿（福井市立郷土歴史博物館蔵）

[むらた うじひさ／1821－1899]

福井藩士。村田氏英の子。松平茂昭の命を受け、『続再夢紀事』（文久２年〈1862〉８月７日―慶応３年〈1867〉10月まで）を執筆した。坂本龍馬と京都福井藩邸で対談したほか、氏寿は長州藩の下関砲撃事件を批判し、容易に松平慶永の上洛に賛同はしなかったが、龍馬の「天下の公論」によって、長州問題に対処することで一致した。藩校明道館講究師をつとめ、藩外に人材を求め、横井小楠招聘に尽力し成功した。元治元年（1864）の禁門の変では、堺町御門を警備するも負傷。維新後、岐阜県令などを歴任。

下岡蓮杖

[しもおか れんじょう／1823－1914]

写真家、画家。浦賀船改御番所の判問屋勤務桜田与惣右衛門3男。アメリカ人写真家ジョン・ウィルソンの写真機と蓮杖の絵を交換したことから、写真に目覚める。文久2年（1862）、横浜の弁天通に写真館を開業した。門下生横山松三郎や鈴木真一らを輩出した。また、日本における石板印刷業、牛乳搾取業、乗合馬車営業の開祖ともいわれる。明治15年（1882）、公園第5区に写真館を移すが、その後写真業をやめ、キリスト教に入信した。

勝海舟（勝芳邦氏蔵）

[かつ かいしゅう／1823－1899]

幕臣。参議兼海軍卿。旗本勝小吉長男。弘化2年（1845）、福岡藩の永井青崖に蘭学を学び、蘭和辞書『ドゥーフ・ハルマ』を書写した。嘉永3年（1850）赤坂に蘭学塾を開き、安政2年（1855）長崎海軍伝習所に学んだ。万延元年（1860）、咸臨丸で渡米、帰国後、軍艦奉行となり、神戸海軍操練所創設に尽力する。戊辰戦争期には、江戸城無血開城を遂げたほか、新政府の海軍卿などをつとめた。

文政８年 1825 年生

●近年の出来事● 文政８年／幕府、異国船打払令を指令

岩倉具視
(三宅立雄氏蔵・流通経済大学三宅雪嶺記念資料館蔵)

岩倉具視
(三宅立雄氏蔵・流通経済大学三宅雪嶺記念資料館蔵)
[いわくら ともみ／ 1825 − 1883]

右大臣。公卿堀河康親２男。文久２年(1862)、皇女和宮を14代将軍徳川家茂に降嫁させるために尽力。公武合体政策を推進する一方で、朝廷の実力者にのし上がった。倒幕を果たした後、新政府の首脳として、政・官・民に対するあらゆる政策を打ち出した。明治４年（1871)、特命全権大使として欧米諸国を巡り、制度や技術を吸収した。帰国後、憲法草案作成などに携わり、さらに華族制度の創設に尽力した。

岩倉具視（福井市立郷土歴史博物館蔵）

中浜万次郎（中濱博氏蔵）

[なかはま　まんじろう／ 1827 － 1898]

幕臣。土佐漁師中浜悦助2男。幼少時から漁業に従事し、天保12年（1841）、難破・遭難し、アメリカに渡る。帰国後、薩摩藩主島津斉彬から事情聴取を受け、薩摩藩士に航海術や造船技術、西洋事情を伝授した。嘉永5年（1852）、土佐藩主山内豊信の事情聴取を受け、土佐藩でも海外情報を教えた。その後、韮山代官江川太郎左衛門（英龍）に仕え、アメリカで学んだ写真技術を使い、江川家の面々を写した貴重な写真が残っている。安政4年（1857）年から軍艦操練所教授をつとめたほか、万延元年（1860）には咸臨丸で渡米し、小笠原開拓調査にもかかわり、元治元年（1864）から薩摩藩の開成所教授をつとめ、徴士として新政府に出仕した。

河井継之助（長岡市立中央図書館蔵）

[かわい　つぐのすけ／ 1827 － 1868]

長岡藩家老。長岡藩勘定奉行河井代右衛門長男。幼少期から腕白で強情であったが、学問に熱心で、山田方谷に師事して多大な影響を受ける。慶応3年（1867）に家老職に就き、藩政改革を実施。窮民の救済や人材育成に力を入れつつ、軍事改革にも着手し、フランス式兵制を採用。新政府軍の岩村高俊と会談(小千谷会談)したが決裂した。長岡城の戦いで傷を負い、松本良順が治療をしたが、まもなく死去した。

山内容堂（福井市立郷土歴史博物館蔵）

山内容堂（福井市立郷土歴史博物館蔵）

山内容堂（福井市立郷土歴史博物館蔵）

[やまのうち ようどう／ 1827 − 1872]

第 15 代土佐藩主。分家山内豊著長男。嘉永 6 年（1853)、ペリー来航に際して幕府へ提出した外交意見書が評価され、幕政にかかわる。参政に吉田東洋を抜擢し、格式制度の簡素化、文武館の設立、国産品の統制強化、倹約励行、洋式兵器の導入などを推進した。慶応 3 年（1867）に坂本龍馬の「船中八策」による大政奉還論を後藤象二郎から示され、これを徳川慶喜に提出。しかし、小御所会議で岩倉具視らと激論するも王政復古のクーデタを許してしまった。酒好きで知られ、「鯨海酔侯」と呼ばれる。

松平春嶽（福井市立郷土歴史博物館蔵）

松平春嶽（福井市立郷土歴史博物館蔵）

松平春嶽（福井市立郷土歴史博物館蔵）

［まつだいら しゅんがく／1828－1890］

第16代福井藩主。徳川御三卿田安斉匡8男。藩財政の立て直しを図り、中根雪江等の人材登用のほか、藩外から横井小楠を招くなど、優れた人材掌握術をみせる。文久2年(1862)、政事総裁職に就任するも、混沌とした政局と幕府内部の政策不一致などにより、翌年辞任。新政府では、議定に任命されたほか、内国事務総督や民部卿兼大蔵卿などを歴任した。

●近年の出来事●　文政 11 年／シーボルト事件でシーボルトを出島に幽閉

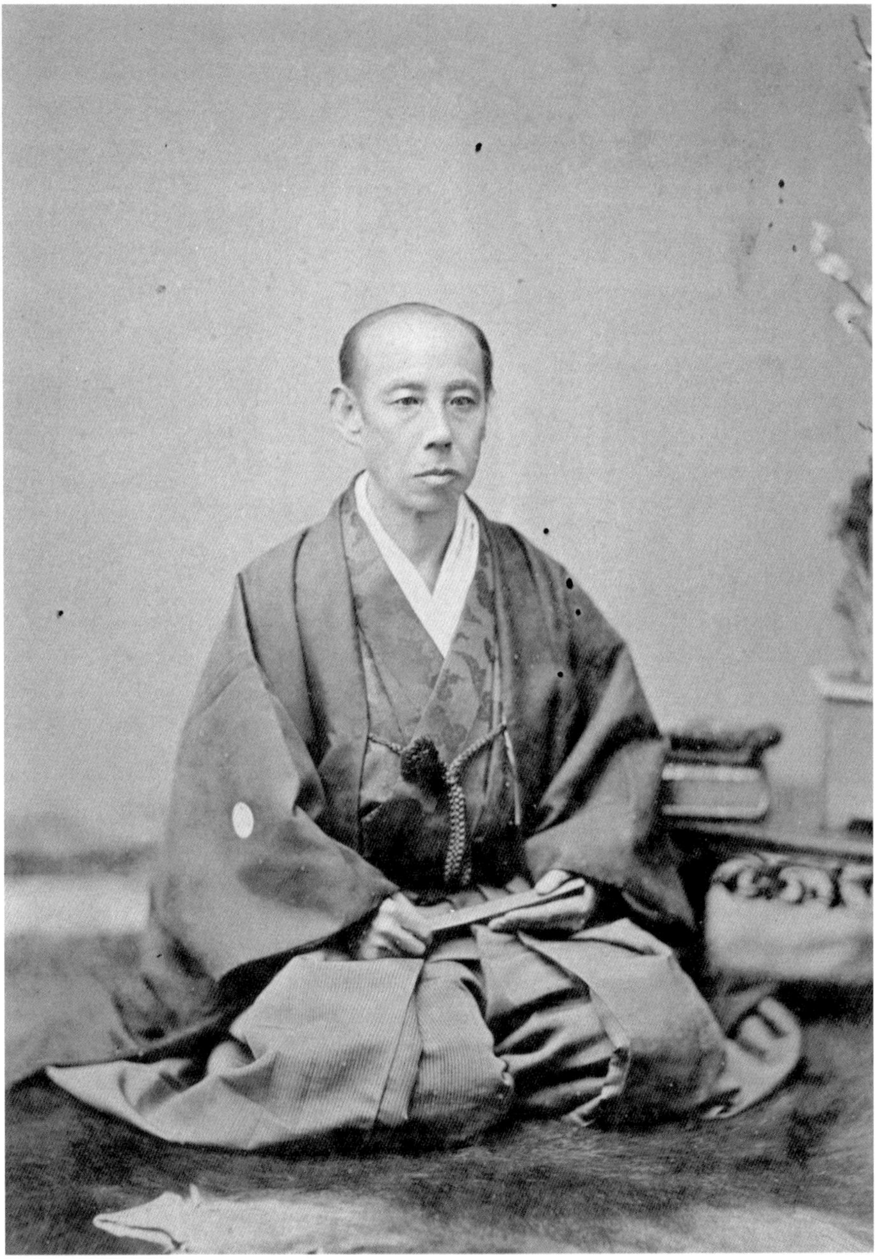

松平春嶽（福井市立郷土歴史博物館蔵）

文政12年 1829年生　文政11年 1828年生

●近年の出来事●　文政12年／江戸・神田佐久間町河岸の材木小屋からの出火による「文政の大火」

由利公正（福井市立郷土歴史博物館蔵）

[ゆり　こうせい／1829－1909]

福井藩士。東京府知事。福井藩士三岡義知の子。横井小楠の実学論に感銘を受け、福井藩政の改革につとめたが、文久3年(1863)、挙藩上洛計画中止で、師小楠が責任を取り、熊本に戻ると、公正も幽閉蟄居を命じられた。龍馬は彼が藩財政を立て直した手腕を買い、新政府の勘定を握らせようとした。維新後、五箇条の御誓文を起草。明治4年（1871)、東京府知事となり、翌年、大火に見舞われた東京の銀座通りを拡張したことで知られる。その後、岩倉使節団に随行。

徳川慶頼（福井市立郷土歴史博物館蔵）

[とくがわ　よしより／1828－1876]

第5、8代田安家家主。第3代当主田安斉匡9男。13代将軍徳川家定の遺言により14代将軍徳川家茂の後見職となるも、文久2年(1862）に一橋慶喜が将軍後見職に就任したことで、免職された。江戸城無血開城にあたり、江戸城の引き渡しを行った後、大総督府から江戸鎮撫取締を命じられ、江戸の治安維持につとめた。徳川家達の名代として、徳川家と旧幕臣を駿府に移した。

天保元年 1830 年生

●近年の出来事● 天保元年／伊勢神宮への「お蔭参り」が大流行し全国から伊勢に参拝した

右写真／西郷頼母（右）、西郷栄之助（中・養女シマの夫）、西郷四郎（左・養子）

佐々木高行

（北海道大学附属図書館北方資料室蔵）

［ささき たかゆき／1830－1910］

土佐藩士。宮中顧問官。土佐藩士佐々木高順長男。土佐藩の作事奉行や普請奉行などを歴任したほか、後藤象二郎や坂本龍馬らと大政奉還を協議するとともに、戊辰戦争では海援隊を指揮した。新政府では、長崎裁判所助役や刑法官副知事、刑部大輔などを経て参議となり、明治4年（1871）に司法大輔となり、岩倉使節団に理事官として随行。帰国後、谷干城らと中正党を結成。明治18年の内閣制制定とともに政界を引退。

西郷頼母（白虎隊記念館蔵）

［さいごう たのも／1830－1903］

会津藩家老。会津藩家老西郷近思長男。会津藩校日新館の影響も強かったが、大半を江戸で過ごした。文久2年（1862）に家老となる。藩主松平容保が京都守護職の任を受けた時、経済上の理由などから「御辞退あるべし」と進言したが、受け入れられなかった。翌年も辞任を申し出たが、容保の怒りに触れ、家老職を免職。会津戦争の最中、家老職に復帰し、白河口総督として奮戦。その後、箱館戦争に加わるも、捕えられ、明治3年（1870）まで館林藩に幽閉。翌年、謹申学舎塾長となり、同8年には都々古別神社宮司を、同13年には日光東照宮禰宜を経て、後藤象二郎の新政府弾劾運動に加わった。同22年、霊山神社宮司など歴任。

天保元年 1830 年生

●近年の出来事● 天保元年／伊勢神宮への「お蔭参り」が大流行し全国から伊勢に参拝した

大久保利通（国立国会図書館蔵）

[おおくぼ としみち／ 1830 － 1878]

薩摩藩士。内務卿。薩摩藩下士大久保利世長男。精忠組の中心的役割を担った。文久２年(1862)以降、島津久光の懐刀として活躍。岩倉具視と共謀して王政復古クーデタを実行。新政府の中心的役割を担い、明治４年（1871）からの岩倉使節団に副使として加わる。帰国後、明治６年の政変を処理した後、台湾出兵、大阪会議、士族反乱の対応など政変の後始末を行った。同11年、紀尾井坂で石川県士族島田一郎らによって暗殺された。

正装の大久保利通（北海道大学附属図書館北方資料室蔵）

洋服の大久保利通
（福井市立郷土歴史博物館蔵）

正装の大久保利通
（三宅立雄氏蔵・流通経済大学三宅雪嶺記念資料館蔵）

断髪前の大久保利通

●近年の出来事● 天保4年／飢饉が激化して一揆・打ち壊しが発生する「天保の飢饉」

木戸孝允（三宅立雄氏蔵・流通経済大学三宅雪嶺記念資料館蔵）
[きど たかよし／1833－1877]

長州藩士。長州藩士和田昌景の子。斎藤弥九郎の練兵館で塾頭をつとめたが、人を斬ったことはない。嘉永6年（1853）、ペリー来航後、江川太郎左衛門（英龍）に測量術・西洋兵学を学び、さらに手塚律蔵から蘭学を学んだ。万延元年(1860)、水戸藩士西丸帯刀らと「成破の盟約」を結ぶ。文久2年(1862)、長井雅楽の「航海遠略策」に反対。元治元年（1864）6月の池田屋事件、7月の禁門の変などから逃れ、慶応2年（1866）、薩長同盟を結ぶ。新政府では総裁局顧問、参与となり、「五箇条の御誓文」の作成、版籍奉還、廃藩置県を主導し、明治4年（1871）、岩倉使節団に副使として随行。帰国後、地方官会議議長、内閣顧問官などを歴任した。

岩倉使節団一行（山口県文書館蔵）

断髪前の木戸孝允（山口県立山口博物館蔵）

断髪前の木戸孝允（港区立港郷土資料館蔵）

●近年の出来事● 天保４年／飢饉が激化して一揆・打ち壊しが発生する「天保の飢饉」

東久世通禧

（北海道大学附属図書館北方資料室蔵）

［ひがしくぜ みちとみ／1833－1912］

侍従長。公家東久世通徳の子。文久２年(1862)に国事御用掛を、翌年、国事御用参政となるが、8・18政変によって三条実美らと七卿落ちした。新政府で、外国事務を扱い、スウェーデン・ノルウェーとの修好通商航海条約、スペインとの修好通商航海条約、ドイツ北部連邦との修好通商航海条約を全権として締結。この間、明治２年(1869)、開拓使長官に就任。明治４年の岩倉使節団に理事官として随行。帰国後、元老院議官等を歴任。

東久世通禧

（福井市立郷土歴史博物館蔵）

秋月種樹

（北海道大学附属図書館北方資料室蔵）

［あきづき たねたつ／1833－1904］

高鍋藩世子。若年寄。第９代藩主秋月種任３男。少年時代、小笠原明山、本多静山と合わせて「天下の三公子」と称された。文久３年(1863)、若年寄格学問所奉行となり、徳川家茂の侍読となる。慶応３年(1867)、若年寄に就任するもまもなく辞任。新政府の参与となり、明治天皇の侍読となった。また彼が発議して設立した公議所議長や大学大監などを歴任。明治５年(1872)、欧米諸国を巡り、帰国後、元老院議官などをつとめた。書や絵画にも通じ、独自の手法を確立した。

天保5年1834年生

●近年の出来事●　天保５年／水野忠邦、老中となる

江藤新平（北海道大学附属図書館北方資料室蔵）
[えとう　しんぺい／ 1834 － 1874]

佐賀藩士。司法卿。佐賀藩士江藤胤光の子。弘道館の特待生。若年より、藩政にかかわる。文久２年（1862）、脱藩し、姉小路公知ら尊攘派公家と行動を共にする。江藤は佐賀藩を代表して新政府に入り、明治５年（1872）、司法卿に就任し、法体系を整備した。翌年、明治６年の政変で下野し、民撰議院設立建白書に署名をしたものの、佐賀の乱を起こし、大久保利通らによって、江藤は斬首のうえ、梟首された。江藤は死に際にあたり、「南海の男児、豈尽く義を忘れ約に背くものならんや」と悲憤慷慨した。

広沢真臣（福井市立郷土歴史博物館蔵）
[ひろさわ　さねおみ／ 1833 － 1871]

長州藩士。民部大輔。柏村安利４男。若年より、藩政にかかわる。慶応２年（1866）、幕府の第２次長州征討に際して、厳島で勝海舟と休戦講和を結ぶ。翌年、大久保利通らと討幕軍東上を協定。新政府では、内国事務掛などをつとめ、明治天皇の東京行幸に供奉。明治２年（1869）、民部大輔を経て参議となるも、同４年、刺客によって暗殺された。

松平頼聰（北海道大学附属図書館北方資料室蔵）

[まつだいら　よりとし／1834 − 1903]

第11代高松藩主。第9代藩主松平頼恕8男。徳川慶喜とは縁戚関係にあたる。元治元年(1864)、禁門の変では御所を固めた。次いで、第1次長州征討にも与し、慶応元年（1865）、帰藩。明治元年（1868）、戊辰戦争では幕府軍に味方し、官軍と戦い、官位剥奪の憂き目にあう。同2年、許されて、復位し、高松知藩事として廃藩置県を迎えた。その後、頼聡が東京に向かおうとしたところ、これに反対する坂出などで百姓一揆が起こり、高松は混乱状態になった(東讃蓑傘騒動)。

川路利良

[かわじ　としよし／1834 − 1879]

薩摩藩士。大警視。薩摩藩士川路利愛長男。薩英戦争・禁門の変を戦い、西郷隆盛に認められた。戊辰戦争では、比志島隊を率い、足軽隊隊長として鳥羽・伏見から会津戦争まで従軍。明治5年(1872)、邏卒総長となったほか、警察制度調査のため渡欧。特にプロイセンの警察制度を学んだ。同7年、東京警視庁が置かれると大警視となり、警察行政を確立させた。同10年の西南戦争にも参加した。この警察抜刀隊には藤田五郎(斎藤一)も加わっていた。同12年、再渡欧するも病気となり、帰国後まもなく病死した。

近藤勇（港区立港郷土資料館蔵）

［こんどう いさみ／ 1834 − 1868］

新選組局長。宮川久次 3 男。天然理心流を試衛館で学ぶ。文久 3 年（1863)、14 代将軍徳川家茂上洛の際、浪士の募集があり、これに加わる。京都に着いてからは、京都守護職松平容保の支配下に置かれ、新選組を組織した。元治元年（1864）の池田屋事件で勇名を馳せる。慶応 3 年（1867)、幕臣となり、御目見以上の身分と布衣を許される。戊辰戦争では、甲陽鎮撫隊を組織して、甲斐勝沼で戦うも敗北し、下総流山で官軍に投降し、慶応 4 年、斬首となった。

岩崎弥太郎夫妻

岩崎弥太郎（国立国会図書館蔵）

岩崎弥太郎（三菱史料館蔵）

[いわさき やたろう／1834－1885]

土佐藩士。三菱創設者。地下浪人岩崎弥次郎長男。昌平黌儒官安積艮斎のもとで漢学を学び、帰藩後、吉田東洋に師事。慶応3年(1867)、後藤象二郎に誘われ、土佐商会で、商務を担当し、海援隊を援けた。土佐商会は九十九商会、三つ川商会、三菱商会と改称し、岩崎個人のものとなった。明治3年(1870)、グラバー商会が破綻すると、グラバーを顧問格として雇い、明治7年、台湾出兵の際、輸送を一手に引き受けたほか、西南戦争で莫大な富を得た。三菱の基礎を築いて生涯を閉じた。

遣欧使節団の福澤諭吉（東京大学史料編纂所蔵）

福澤諭吉

[ふくざわ ゆきち／1834－1901]

中津藩士。慶應義塾創設者。中津藩士福澤百助５男。緒方洪庵の適塾の塾頭をつとめた後、万延元年（1860）、木村喜毅の従者として咸臨丸に乗りこみ、渡米。帰国後、外国掛翻訳方となり、文久２年（1862）、文久使節団に加わり、渡欧。慶応２年（1866）、『西洋事情』を執筆し、同３年、再渡米し、幕府の軍艦購入交渉に携わる。慶応４年に芝新銭座で慶應義塾を開く。その後、明六社の結成や「脱亜論」を唱えるなどしているが、福澤は年代ごとに写真を残したことでも知られる。

福澤諭吉（港区立港郷土資料館蔵）

断髪の福澤諭吉

（北海道大学附属図書館北方資料室蔵）

天保6年 1835 年生

天保 5 年 1834 年生

●近年の出来事● 天保 6 年／江戸・日本橋の「山本山」6代目・山本嘉兵衛「玉露」を発売

前島密 (国立国会図書館蔵)

［まえじま ひそか／ 1835 － 1919］

幕臣。駅逓次官。越後の豪農上野助右衛門の子。下曽根金三郎から砲術を、竹内卯吉郎から機関学を学び、武田斐三郎の門下に入り､箱館丸に乗り組み､測量などを行った。慶応元年（1865)、薩摩藩の開成学校で英学を教えた。明治2年（1869)､民部省に入省。翌年、駅逓権正となり、「郵便制度の創設」を立案し、同4年、近代郵便が創業されることとなった。また、イギリスに渡り、郵便制度を学び、駅逓頭となり、郵便事業の基礎づくりに尽力した。同6年から、全国均一料金制の郵便を実施することに成功した。

大友亀太郎

(北海道大学附属図書館北方資料室蔵)

［おおども かめたろう／ 1834 － 1897］

幕臣。開拓使使掌。農民飯倉吉衛門長男。二宮尊徳の門下生。安政5年（1858）以降、蝦夷地に渡り、報徳仕法を取り入れ、開拓事業を行う。現在のパイロットファームの原形となる「御手作場」といわれる模範農場を作り、創成川のもととなる「大友堀」を掘ったほか、札幌村の基礎を築いた。明治3年（1870)、故郷の小田原に帰省し、神奈川県議員に出馬し、明治14年に当選。当選後は、小田原の発展につとめた。大友の功績をたたえ、札幌に彼の像が建っているだけでなく、「大友公園」も造られた。彼は北海道「開拓の祖」と称されることもある。

天保6年 1835年生

●近年の出来事● 天保6年／江戸・日本橋の「山本山」6代目・山本嘉兵衛「玉露」を発売

有栖川宮熾仁親王

（北海道大学附属図書館北方資料室蔵）

［ありすがわのみや　たるひとしんのう／1835〜1895］

皇族。有栖川宮幟仁親王の第一皇子。嘉永4年(1851)、熾仁は皇女和宮と婚約し、文久元年(1861)に挙式が定められていた。しかし、朝幕間の関係悪化などから、「公武合体」が求められ、和宮は14代将軍家茂に降嫁することとなった。新政府の総裁、戊辰戦争では東征大総督として活躍した。明治2年（1869)、兵部卿として陸海軍省を設立。西南戦争では、征討総督として、戦争の鎮圧をした。戦後、陸軍大将となり、日清戦争では、陸海軍全軍の総参謀長の重責を担った。

土方歳三

［ひじかた　としぞう／1835～1869］

新選組副長。裕福な農家土方隼人10子。安政6年（1859）、天然理心流に入門。文久3年（1863）、浪士隊に参加し、新選組結成後は副長となる。翌年、池田屋事件や禁門の変を経験。慶応4年（1868）、幕府瓦解とともに新選組も解散。流山で近藤と別れた後、旧幕府脱走軍参謀となり、「蝦夷地共和国」では、陸軍奉行大鳥圭介の右腕として陸軍奉行並に就任し、新選組の再編を行い奮戦するも一本木で戦死した。

小松帯刀（尚古集成館蔵）

［こまつ　たてわき／1835〜1870］

薩摩藩家老。外国官副知事。喜入領主肝付兼善3男。島津久光の側役から家老となり、大久保利通ら精忠組を中核とした藩体制を築いた。さらに、公武合体及び幕政改革の推進者として幕末政局における薩摩藩の指導的役割を担った。元治元年（1864）、禁門の変では久光の名代として皇居を防衛した。新政府の参与兼外国事務掛を経て、外交関係に携わった。彼の持論は「日本は島国なのだから、イギリスに学んで海軍を盛んにしなければならない」というものであった。

小松帯刀（東京大学史料編纂所蔵）
右端が小松帯刀。小松が数人で撮った写真は非常に珍しい。

坂本龍馬

［さかもと りょうま／1835〜1867］

土佐藩郷士。土佐藩郷士坂本八平2男。嘉永5年（1852）、北辰一刀流千葉定吉に入門。同6年、佐久間象山に砲術を習う。安政元年（1854）、画家河田小龍から世界情勢を聞く。安政3年、土佐の西洋砲術家徳弘孝蔵らの砲術稽古に参加。文久元年（1861）、土佐勤王党に参加。翌年、脱藩後、勝海舟を訪問し弟子入りする。文久3年、勝塾の塾頭となる。慶応元年（1865）亀山に「社中」を結成。さらに薩長同盟を成立させ、第二次長州征討を観戦。慶応3年、海援隊隊長となり、伊呂波丸事件等を収拾。船中八策を提示し、土佐藩から大政奉還の進言を行うよう勧めた。同年、近江屋で暗殺された。

井上 馨

［いのうえ かおる／1835〜1915］

長州藩士。外務大臣。長州藩井上光亨２男。江戸有備館、江川塾、松下村塾などで学ぶ。文久２年（1862）、品川御殿山イギリス仮公使館焼き討ちに参加。翌年、イギリス留学をするも、下関砲撃事件をうけて帰国。その後は、薩長同盟に奔走。新政府の要職を歴任するが、明治６年（1873）、辞職し、以後実業界に入る。同９年渡欧、財政経済を研究し、資本主義論を学ぶ。同18年、外務大臣に就任し、鹿鳴館外交を展開するも、三大事件建白運動で辞任。以後も実業界や外交畑で尽力。

松平容保（国立国会図書館蔵）

松平容保（福井市立郷土歴史博物館蔵）

松平容保（会津若松市役所蔵）

松平容保（福井市立郷土歴史博物館蔵）

[まつだいら　かたもり／1835 － 1893]

第9代会津藩主。第10代高須藩主松平義建の第6子。弘化・嘉永期は御固め4藩のうちの1藩として房総警備にあたる。文久2年(1862)、京都守護職に任命される。その後、孝明天皇からの信任も厚く、元治元年(1864)の禁門の変で功績を挙げる。鳥羽・伏見戦争後、徳川慶喜と共に軍艦開陽で江戸に向かう。会津戦争を戦うも降伏し、斗南に転封。明治13年、第5代日光東照宮宮司となり、保晃会会長に就任。東京府皇典講究所監督などを歴任。

荒井郁之助

(北海道大学附属図書館北方資料室蔵)

[あらい いくのすけ／ 1835 − 1909]

幕臣。気象台長。幕府代官荒井顕道の子。安政4年（1857)、長崎海軍伝習所で航海術を学んだ。その後、海軍操練所頭取・軍艦順動艦長などを歴任し、慶応3年（1867)、歩兵頭となる。戊辰戦争では、「蝦夷地共和国」の海軍奉行に就任し、軍艦回天で宮古湾に出撃したが、新政府軍の軍艦甲鉄に敗北。3年間獄中生活を送るが、この間に『英和対訳辞書』を編纂。釈放後は開拓使出仕となるが、明治12年（1879)、内務省測量局長となり、気象台長に就任。同15年辞任し、浦賀ドック創設に尽力した

五代友厚（国立国会図書館蔵)

[ごだい ともあつ／ 1835 − 1885]

薩摩藩士。政商。薩摩藩士五代秀尭2男。安政4年（1857)、長崎海軍伝習所に参加。文久3年（1863）の薩英戦争では談判中に戦闘となり、寺島宗則と共に捕虜となった。慶応元年（1865)、薩摩藩留学生を率いてイギリス留学を果たす。新政府で貿易関係に手腕を発揮した。大阪開港規則を定め、不正を取り締まり、貿易の推進を図った。その後、実業界に転じ、関西貿易社を作り、開拓使官有物払下げ事件などに関与した。大阪発展に寄与した人物である。

山岡鉄舟（福井市立郷土歴史博物館蔵）

山岡鉄舟

［やまおか　てっしゅう／1836－1888］

幕臣。宮内少輔。幕臣小野高福4男。幼少から心影流、北辰一刀流と剣術を学び、さらに千葉周作の玄武館、幕府の講武所で剣を学び、山岡静山のもとで槍術を学ぶ。清河八郎と親交があり、浪士組結成の際に取締役となって上洛。戊辰戦争では西郷隆盛と勝海舟の橋渡しを行い、江戸城無血開城にこぎつけた。維新後は明治天皇の信任も厚く侍従をつとめ、さらに宮内庁の要職を歴任。一方で、剣と書と禅に通じ、明治18年（1885）に一刀正伝無刀流を創始した。最期は結跏趺坐のまま臨終を迎えた。

山岡鉄舟

●近年の出来事● 天保7年／この年、全国各地で一揆勃発する。『江戸名所図会』刊行

榎本武揚（国立国会図書館蔵）

榎本武揚（国立国会図書館蔵）
[えのもと たけあき／1836－1908]

幕臣。外務大臣。幕臣榎本武規2男。昌平黌に学んだ後、中浜万次郎から英語を学ぶ。安政元年（1854）、箱館奉行堀利煕の従者となり、蝦夷・北蝦夷を巡視。安政3年（1856）、長崎海軍伝習所に入所し、機関学や航海術、舎密学（化学）を学ぶ。安政5年、海軍操練所教授を経、文久2年（1862）、オランダ留学生となる。慶応3年（1867）、軍艦開陽で帰国。同4年、海軍副総裁となり、品川沖から脱走し、「蝦夷地共和国」総裁として新政府軍に抵抗。明治5年（1872）、赦免された後、開拓使出仕。同7年、特命全権公使としてロシアに渡り、翌年、樺太千島交換条約を締結。その後も逓信大臣や外務大臣など、政府の要職を歴任。

榎本武揚（国立国会図書館蔵）

三条実美（港区立港郷土資料館蔵）

三条実美

［さんじょう　さねとみ／1837－1891］

公卿。太政大臣。右大臣三条実万の子。尊攘派の急先鋒。文久2年（1862）、幕府に攘夷実行を督促するため、勅命を受けて江戸に下った。実美は先例を破り、江戸城大広間の上段に上がって将軍に勅命を伝え、朝廷の権威を知らしめた。8・18政変で失脚した後、長州へ下り、太宰府に移された。中岡慎太郎の仲介で岩倉具視らと気脈を通じ、王政復古クーデタに尽力。新政府では、太政大臣兼神祇伯宣教長官となったが、薩長藩閥に主導権を握られた。内閣制度成立後は、内大臣となっている。

三条実美（国立国会図書館蔵）

中牟田倉之助（左）と石丸虎五郎（『佐賀藩海軍史』所収）

中牟田倉之助（『佐賀藩海軍史』所収）

中牟田倉之助

[なかむた　くらのすけ／1837－1916]

佐賀藩士。初代海軍軍令部部長。佐賀藩士金丸文雅３男。嘉永６年（1853)、藩校弘道館に学び、長崎海軍伝習所に参加。その後、藩の三重津海軍学寮の教官をつとめた。戊辰戦争では、藩の軍艦孟春、秋田藩の軍艦朝陽の艦長をつとめ榎本艦隊と戦う。明治３年（1870)、兵部省出仕。海軍兵学校長・横須賀造船所長を経て、海軍中将にのぼった。同26年、初代海軍軍令部長をつとめ、翌年、枢密顧問官などを歴任した。

板垣退助（国立国会図書館蔵）

[いたがき　たいすけ／1837－1919]

土佐藩士。内務大臣。土佐藩士乾正成長男。吉田東洋のもとで、文久元年（1861）、江戸藩邸の会計・軍事の職につき、翌年、山内容堂の側用人となり、藩邸の総裁となった。慶応3年（1867）、中岡慎太郎とともに西郷隆盛と会見して薩土同盟を結び、戊辰戦争では総督府参謀をつとめた。明治6年（1873）の政変によって下野し、自由民権運動を展開する。同14年、自由党党首となり、翌年、岐阜で遭難したが、第2次伊藤博文内閣の内相に就任。同31年、最初の政党内閣隈板内閣の内相となった。

板垣退助（知立市歴史民俗資料館蔵）

●近年の出来事● 天保8年／「大塩平八郎の乱」・「モリソン号事件」・徳川家慶征夷大将軍就任

板垣退助と土佐藩「東征軍」幹部たち
（高知県歴史資料館蔵）

板垣退助（知立市歴史民俗資料館蔵）

軍服姿の徳川慶喜（茨城県立歴史館蔵）

徳川慶喜（福井市立郷土歴史博物館蔵）

[とくがわ よしのぶ／ 1837 − 1913]

第 15 代将軍。水戸藩主徳川斉昭 7 男。弘化 4 年（1847）、一橋家を相続。将軍継嗣問題で敗れるも、文久 2 年（1862）、将軍後見職につき、翌年上洛。元治元年（1864）、後見職を辞任し、禁裏御守衛総督・摂海防禦指揮に任命され、禁門の変では軍を統括した。第 1・2 次長州征討を主導し、孝明天皇から条約勅許を得、一会桑政権を京都に樹立した。慶応 2 年（1866）、将軍家茂の死後、徳川宗家を相続し、征夷大将軍、内大臣などを歴任。同 3 年、兵庫開港問題も解決し、大政奉還を行う一方、大君制国家の模索をした。同 4 年、鳥羽・伏見の戦いで敗れ、謹慎。維新後は趣味の写真や鷹狩りなどで余生を過ごした。

晩年の徳川慶喜（国立国会図書館蔵）

馬上の徳川慶喜（茨城県立歴史館蔵）

大隈重信（港区立港郷土資料館蔵）

晩年の大隈重信（国立国会図書館蔵）

大隈重信

[おおくま　しげのぶ／1838－1922]

佐賀藩士。内閣総理大臣。鉄砲組頭大隈信保長男。藩校弘道館に入学。新政府では、正貨を鋳造する造幣局を作り、会計検査院を創設。外務大臣として条約改正にあたるも、失敗。来島恒喜に手榴弾を投げられ、片足を失う。大隈は後に来島を「野蛮な勇気だが、その勇気には感心する」と語った。また、東京の邸宅は「築地の梁山泊」と呼ばれた。薩長出身者以外で内閣総理大臣となっただけでなく、早稲田大学創設者としても知られる。

近藤長次郎（高知市立高知市民図書館寄託蔵）

［こんどう　ちょうじろう／1838－1866］

土佐藩士。饅頭商「大里屋」近藤伝次長男。河田小龍の門下となり、安政７年（1860）江戸で高島秋帆に砲術を習う。文久２年（1862）、坂本龍馬とともに勝海舟の門下生となり、神戸海軍操練所の訓練生となる。勝の失脚後、龍馬らと薩摩に渡り、慶応元年（1865）、長崎の「社中」の周旋役となり、翌年、グラバーを頼り、単独イギリス密航の企てが露見して切腹。「社中」のトップセールスマンとして実力は申し分なかった。

後藤象二郎（港区立港郷土資料館蔵）
［ごとう　しょうじろう／1838〜1897］

土佐藩士。逓信大臣。土佐藩士後藤助右衛門の子。剣術は心影流を学んだほか、相撲好きで、藩に出仕してからもよく相撲をとった。義叔父吉田東洋に学び、近習目付になるも、文久2年（1862）、武市半平太らによって東洋が暗殺され、失脚。その後、戸塚静海や大鳥圭介らに学ぶ。元治元年（1864）、帰国して大監察となり、武市らを捕え復讐を果たした。坂本龍馬の「公議政体論」に動かされ、山内容堂に大政奉還を進め、実現させた。明治元年（1868）、パークス襲撃事件では、暴漢を一太刀で斬り殺した。明治6年の政変で失脚し、自由民権運動に加わるが、逓信大臣や農商務大臣などを歴任した。

中岡慎太郎（北川村立中岡慎太郎館蔵）

[なかおか しんたろう／ 1838 － 1867]

土佐郷士。陸援隊隊長。安芸郡北川郷大庄屋中岡小伝次長男。安政年間は土佐で学問を間崎哲馬に、剣術を武市半平太に学び、その後も江戸に出て業を磨いた。文久元年（1861)、土佐勤王党に加わり、佐久間象山に会い「時勢論」を説いた。その後、禁門の変などに参加し、陸援隊隊長となる。薩長同盟に尽力し、一番の立役者ともいわれる。慶応３年（1867)、近江屋で龍馬訪問中に襲撃され、負傷しそれがもとで死去した。

山県有朋

山県有朋 (国立国会図書館蔵)

[やまがた ありとも／ 1838 − 1922]

長州藩士。首相。長州藩蔵元付中間山県有稔の子。安政5年（1858)、藩命により上洛。久坂玄瑞の紹介で松下村塾に入門。高杉晋作が組織した奇兵隊では軍監をつとめた。薩長同盟でも画策し、戊辰戦争では北陸道鎮撫総督兼会津征討軍参謀として、従軍した。維新後、西郷従道とともに渡欧し、帰国後、陸軍大輔にのぼり、軍制改革、徴兵令の制定、士族の反乱鎮圧、参謀本部設置、軍人勅諭発布などを指導した。また、内務卿なども務め、明治22年（1889)、第1次の内閣組閣。同31年には、元帥府に列せられ、第2次内閣を組閣し、軍政両界に力を発揮した。大正10年（1921)、東宮妃色盲問題を起こすが、翌年死去。

山県有朋 (山口県文書館蔵)

桐野利秋（北海道大学附属図書館北方資料室蔵）

[きりの としあき／ 1838 – 1877]

薩摩藩士。陸軍少将。薩摩藩士中村兼秋2男。幕末期は「人斬り半二郎」という異名が知られるほど、薬丸派自顕流の遣い手であった。文久2年（1862）、島津久光に従い入京し、中川宮朝彦親王付の守衛となり、元治元年（1864）の禁門の変で、西郷隆盛に認められ、戊辰戦争では、会津征討軍軍監をつとめ、会津城受け取りの大任を果たした。明治2年（1869）、鹿児島常備隊の大隊長となり、同4年親兵の大隊長として上京し、陸軍少将に任じられた。明治6年の政変で西郷に従い帰国。帰国後、私学校の幹部となり、西南戦争では4番大隊長として出陣、西郷軍の総指揮を執った。熊本城強襲に執着したため、作戦は失敗し、田原坂の戦いで敗走。城山の岩崎谷で戦死した。

上野彦馬

[うえの ひこま／ 1838 – 1904]

写真家。上野俊之丞2男。広瀬淡窓に師事し、安政3年（1856）、長崎に戻り、オランダ通詞名村八右衛門らからオランダ語を学び、蘭医ポンペの舎密試験所で化学を学ぶ。その後、湿板写真術を研究し、同6年に成功。万延元年（1860）、江戸津藩邸で藩主藤堂高猷らを撮影したほか、津藩藩校有造館で舎密学を教授。文久2年（1862）、「舎密局必携」を著し、長崎に写真館を開業。明治7年（1874）、金星の天体写真や同10年の西南戦争で撮影を行った。ウラジオストクや上海にも支店を出した。

高杉晋作

(港区立港郷土資料館蔵)

[たかすぎ　しんさく／1839－1867]

奇兵隊総督。長州藩士高杉春樹長男。安政4年（1857)、藩校明倫館で学び、さらに吉田松陰に師事した。文久元年（1861)、世子毛利定広（元徳）の小姓となる。文久2年、幕府の千歳丸に乗船し、上海に向かった。太平天国の乱を見て、欧米列強の危機を目の当たりにした。この時の記録は『遊清五録』に記されている。帰国後、長州征討や馬関戦争を戦うにあたり、奇兵隊を組織する。第2次長州征討で幕府方の小倉藩領を攻撃中に喀血し、死去。

久米邦武

(三宅立雄氏蔵・流通経済大学三宅雪嶺記念資料館蔵)

[くめ　くにたけ／1839－1931]

佐賀藩士。太政官権少外史。佐賀藩士久米邦郷3男。藩校弘道館で学び、文久2年（1862)、江戸の昌平坂学問所に入学。新政府に出仕し、佐賀藩権大属に転じていたが、明治4年（1871）の岩倉使節団に太政官権少外史に任ぜられて渡欧米。紀行編纂掛として使節団に随行し、帰国後、『特命全権大使米欧回覧実記』を刊行。その後は修史館で『大日本編年史』編纂に従事し、歴史学者として基礎を築く。明治21年には東京帝国大学文科大学教授に就任するが、「神道ハ祭天ノ古俗」を『史海』に発表し、筆禍事件を巻き起こす。また、日本古文書学の基礎を築くなど、その功績は高く評価される。

●近年の出来事● 天保 10 年／渡辺華山、北町奉行所に捕縛「蛮社の獄」

石丸安世（『佐賀藩海軍史』所収）

いしまる やすよ／ 1839 － 1902]

佐賀藩士。初代電信頭。佐賀郡本庄村生まれ。長崎海軍伝習所で学び、夜は通詞らから学んで藩内随一の英語の達人となった。馬関戦争や薩英戦争の情報を英字新聞から集めた。慶応元年（1865）、グラバーの手びきでイギリス留学を果たし、造船や電信を学ぶ。慶応 2 年のパリ万博にも参加し、新政府では工部省の初代電信頭となった。東京—長崎間の電信架設を推進し、情報インフラを整えた。その後は。大阪造幣局長や元老院議員を歴任。私塾経綸塾を開き、多くの弟子たちを養成した。

毛利元徳（福井市立郷土歴史博物館蔵）

[もうり もとのり／ 1839 － 1896]

第 14 代長州藩主。支藩徳山第 8 代藩主毛利広鎮 10 男。文久元年（1861）、長井雅楽の「航海遠略策」の指揮をとり、朝幕間の調整に動きまわった。文久 3 年、孝明天皇から攘夷の勅許を得、5 月 10 日に下関を通過する英米蘭船に砲撃。翌年の幕府の長州征討や外国船の砲撃等を指揮。慶応 3 年（1867）、討幕の密勅を受け、薩摩藩主島津忠義と会見を果たす。奇兵隊脱退騒動を鎮圧し、廃藩置県を指導した。明治 10 年（1877）、第 15 国立銀行頭取、翌年、同取締役を経て、同 24 年に辞任。

天保11年 1840年生

●近年の出来事● 天保11年／勘定奉行の遠山景元「遠山の金さんとして有名」が北町奉行に就任

松本十郎（北海道大学附属図書館北方資料室蔵）
［まつもと じゅうろう／1840－1916］

庄内藩士。開拓使大判官。本名戸田直温。近習頭取戸田文之助長男。田宮流居合の遣い手であるほか、昌平坂学問所で学ぶ。文久3年（1863）、天塩の苫前・石狩の浜益へ父とともに派遣される。戊辰戦争では、新政府軍と戦い敗北。庄内藩の恩赦を得るために尽力。この時の縁で黒田清隆の推薦で開拓使出仕。明治2年（1869）、根室に派遣され、開拓判官として開拓に尽力。殖産興業をすすめる傍ら、アイヌも平等に扱い、アイヌの民俗衣装「アッシ」を着用していた。そのことから、「アッシ判官」として敬意を受けたという。同6年、開拓使大判官（実質上の開拓使最高責任者）となったが、樺太・千島交換条約後、アイヌの樺太移住をめぐって黒田と衝突し、辞任し庄内に帰郷。その後は、農民として生涯を終える。回顧録に『空語集』140巻がある。

石丸安世（『佐賀藩海軍史』所収）

島津忠義（港区立郷土資料館蔵）

[しまづ ただよし／ 1840 － 1897]

父は11代藩主島津斉彬の弟久光。安政5年（1858）、斉彬の死去によって藩主の座を襲封、薩摩藩最後の藩主となった。以後、国父とされる久光の後見のもとで薩摩藩内の改革、軍備増強を進めた。文久2年（1862）久光とともに兵を率いて上洛、朝廷に意見書を奉じ、江戸にのぼって、幕府に改革を迫り、公武合体を目指した。だが、公武合体の勢力は次第に後退、戊辰戦争では新政府軍の中核として、薩摩藩兵を率いた。新体制確立後は鹿児島藩知事、貴族院議員。

渋沢栄一（国立国会図書館蔵）

[しぶさわ えいいち／ 1840 － 1931]

武蔵国榛沢郡（現埼玉県深谷市）の豪農の家に出生。青年時、尊王攘夷運動に投ずるが挫折し、のち、徳川御三卿のひとつ一橋家に仕える。慶応3年（1867）パリ万博に赴く徳川昭武の随員として渡欧、経済制度、産業形態などを見聞する。帰国後、明治政府に出仕、日本初の株式会社となる商法会所を設立。明治6年（1873）官を辞し、以後、第一国立銀行、王子製紙など多くの有力企業を創設して実業界を牽引、日本実業界の父とも呼ばれた。

黒田清隆（北海道大学附属図書館北方資料室蔵）

［くろだ きよたか／1840－1900］

薩摩藩出身の官僚・軍人・政治家。戊辰戦争では五稜郭攻略戦で活躍。明治新政府では外務権大丞、次いで兵部大丞となり、開拓次官を経て長官、陸軍中将に進む。明治8年（1875）江華島事件が起こると特命全権大使として朝鮮に派遣され、翌年この事件をきっかけにして、軍事力を背景に日朝修好条規を締結した。西南戦争では征討参軍をつとめ、同20年第1次伊藤内閣に農商務大臣として入閣。翌年内閣総辞職によって首相となった。

黒田清隆（国立国会図書館蔵）

岩村通俊（北海道大学附属図書館北方資料室蔵）

［いわむら みちとし／1840－1915］

土佐藩士の家に生まれる。明治2年（1869）箱館府権判事・開拓大判官に任官の後、佐賀県令、鹿児島県令、会計検査院長、沖縄県令兼検事を歴任。同19年、初代北海道庁長官に任命されると、旧来の殖産政策の改革を進め、北海道への移住者の便を図るための土地払い下げ規則などを制定した。次いで、元老院議官、農商務省次官、農商務大臣をつとめ、のち宮中顧問官、貴族院議員、宮内省御料局長に任ぜられ、男爵位を受けた。

岩村と開拓使官吏たち
（北海道大学附属図書館北方資料室蔵）

●近年の出来事● 天保12年／万次郎アメリカへ。水野忠邦による「天保の改革」

伊藤博文（港区立港郷土資料館蔵）

伊藤博文（国立国会図書館蔵）

[いとう ひろぶみ／ 1841 － 1909]

長州藩下士の出身。松下村塾に学び、英国に密航して留学の後、倒幕運動に投じて、木戸孝允らとともに奔走する。明治18年（1885）日本最初の内閣となる第1次伊藤内閣を組閣。この後3度にわたって首相となり、同22年憲法を制定・発布。日清戦争時も首相として戦争を遂行。日露戦争後、同38年初代韓国総監となり、韓国併合への道を開いた。42年、対露交渉に向かう途中、朝鮮の独立運動家安重根によって、ハルビン駅頭で射殺された。

伊藤博文（国立国会図書館蔵）

伊藤博文（国立国会図書館蔵）

天保13年1842年生

●近年の出来事● 天保 13 年／幕府、異国船打払令を撤回し薪水給与令を許す

時任為基（北海道大学附属図書館北方資料室蔵）

［ときとう ためもと／ 1842 － 1905］

各地の知事をつとめるなどした官僚。明治8年（1875）の千島樺太交換条約締結実現の舞台裏で活躍し、また函館時代には地域の開拓、整備、発展に貢献して市民から顕彰されてもいる。薩摩藩士の家に生まれ、明治4年、東京府典事に任命されたのを振り出しに、開拓使権大書記官、函館支庁長、宮崎県知事を歴任。元老院議官に転じた後、再び高知県、静岡県、愛知県、大阪府、宮城県の知事をつとめ、同31年貴族院議員として名を連ねた。

田中正造（国立国会図書館蔵）

［たなか しょうぞう／ 1841 － 1913］

足尾鉱毒事件を被害民の側に立って糾弾し、その救済の闘いに生涯を貫いた社会運動家。下野国安蘇郡の庄屋の家に出生。2度の投獄を経て自由民権運動に投じ、明治23年（1890）第1回総選挙で当選。翌年、足尾鉱毒事件が発生すると、これを国会で厳しく追及するが問題は深刻化し、同34年議員を辞して天皇に直訴する。翌年、政府が鉱毒問題を解決するとして、谷中村遊水池化計画を発表。以後、村に残留した村民とともに抵抗を続けた。

田中正造
（国立国会図書館蔵）

天保14年1843年生

新島襄（同志社大学蔵）

［にいじま　じょう／1843－1890］

教育者。上州安中藩士の家に生まれ、元治元年（1864）アメリカに密航して10年あまりを過ごす。この間にキリスト教の洗礼を受け、アマースト大学、アンドーバー神学校で神学を学んだ。アメリカ滞在中の明治4年（1871）、欧米視察中の岩倉具視特命全権大使一行に会い、一団に随行して欧州の教育事情などを視察。帰国後、京都に同志社英学校（同志社大学の前身）を設立した。以後、キリスト教精神に基いた人間教育に専心し、半生を捧げた。

ナイヤガラの滝での新島襄（同志社大学蔵）

天保13年1842年生

大山巖

［おおやま　いわお／1842－1916］

西郷隆盛の従弟。文久2年（1862）寺田屋事件にかかわり謹慎を強いられるが、薩英戦争時に復帰。明治2年（1869）渡欧して普仏戦争を観戦。同4年再び渡欧して近代の軍備、戦術の実際を学んで帰国後、陸軍少将となり、日本陸軍の近代化をすすめた。西南戦争では盟友西郷を討つ立場になった。日清戦争当時は第2軍司令官。31年には陸軍最初の元帥となる。日露戦争では満州軍総司令官として古参の将らを束ね、苦戦の末に勝利を得た。

日露戦争の戦闘

伊東祐亨（国立国会図書館蔵）

［いとう すけゆき／ 1843 － 1914］

薩摩出身の海軍軍人。幕末、神戸海軍操練所に学び、薩英戦争を戦う。維新後、創設まもない海軍に入り、明治25年（1892）海軍中将。日清戦争では初代連合艦隊司令長官をつとめ、黄海海戦、威海衛夜襲で、戦艦定遠、鎮遠を擁す清国北洋艦隊を打ち破った。同31年には海軍大将となり、日露戦争では大本営海軍幕僚長。さらに同39年、元帥。薩摩閥の中枢として長州閥の山県有朋と並ぶ軍の重鎮となったが、以後も政治にかかわることはなかった。

伊東祐亨

西郷従道（北海道大学附属図書館北方資料室蔵）

［さいごう つぐみち／ 1843 － 1902］

西郷隆盛の実弟。戊辰戦争に従軍して各地で戦い、維新後、山県有朋とともに欧州に派遣されて兵制を学ぶ。帰国後兵部少輔となり、軍制の整備に努めた。明治7年（1874）中将に進み、同年台湾蕃地事務都督として「台湾征伐」を強行した。西南戦争では兄隆盛には従わず、同12年、陸軍卿、18年、初代海軍大臣になり、後の海軍の重鎮山本権兵衛らを抜擢する。その後も度々海相、内相をつとめ、その間に海軍大将・元帥にのぼった。

西郷従道

天保14年 1843年生

●近年の出来事● 天保 14 年／水野忠邦が罷免され、阿部正弘が老中となる

田中光顕（北海道大学附属図書館北方資料室蔵）

［たなか みつあき／ 1843 － 1939］

土佐藩郷士の出身。武市半平太に師事して、土佐勤王党に加盟。勤王党弾圧の後、元治元年（1864）脱藩。大坂市中攪乱のため、大坂城占拠などをはかるが、新選組の知るところとなり十津川に逃れた。第２次長州征伐では長州藩軍艦に乗船して幕府軍と交戦する。慶応３年（1867）陸援隊が結成されるとこれに参加した。明治政府では初代内閣書記官長、宮内相などを歴任。談話をまとめた『維新風雲回顧録』『維新夜話』などが遺されている。

田中光顕
（佐川町立青山文庫蔵）

井上勝

［いのうえ まさる／ 1843 － 1910］

長州藩士の家に出生。江戸、箱館などで洋学を学び、文久３年（1863）伊藤博文らと脱藩して英国へ密航して鉱山工学、土木工学を学ぶ。明治２年（1869）政府の造幣頭兼鉱山頭に任官するが、２年後、鉄道頭専任となり、同５年日本初の新橋・横浜間の鉄道を実現させた。22 年、紆余曲折の末、東京・神戸間に東海道本線が全通する。退官後は民間の鉄道関係企業の育成に努め、「鉄道の父」とも呼ばれた。強硬な鉄道国有論者でもあった。

天保15年1844年生

●近年の出来事●　天保 15 年・弘化元年／オランダ使節が国書を幕府に提出し、開国を勧めた

井上毅 (國學院大学図書館蔵)

[いのうえ　こわし／ 1844 － 1895]

熊本藩士の出。戊辰戦争に従軍の後、上京して大学南校などで学び、開成学校舎長をつとめた。のち司法省に入り、ほどなく欧州に派遣されて、主にフランスの法制を視察。帰国後大久保利通に認められ、日清交渉にも随行した。明治14年（1881）憲法綱領を起草したのち、伊藤博文のもとで帝国憲法の草案を作成。以後も法務官僚の道を歩み、同26年文部相。教育勅語、軍人勅諭などを制定して、明治の法制、教育制度を確立していった。

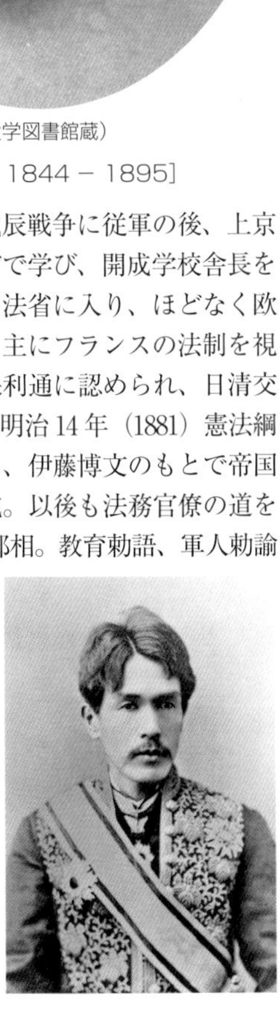

井上毅
(國學院大学図書館蔵)

品川弥二郎

[しながわ　やじろう／ 1843 － 1900]

長州藩の下士の家に生まれ、松下村塾に学ぶ。ほどなく尊王攘夷思想に共鳴して倒幕運動に参加。慶応2年（1866）薩長同盟締結にあたっては人質として薩摩藩邸に留まった。維新後、新政府に出仕し、普仏戦争視察などで渡欧、公使館員をつとめ、帰国後内務省に転じた。明治24年（1891）松方内閣の内相に就くが、翌年の第2回総選挙での選挙干渉の責任を問われて辞職。西郷従道らと国民協会を結成するが勢力を伸ばせなかった。

品川弥二郎
(国立国会図書館蔵)

黒木為楨 (国立国会図書館蔵)

[くろき ためもと／1844－1923]

薩摩藩士の出。戊辰戦争に出役して功を挙げ、明治4年（1871）歩兵大尉。西南戦争に従軍の後、日清戦争時には中将にのぼり、第6師団長として作戦を指揮して威海衛を攻略、占領した。同36年大将。日露戦争では第1軍司令官として鴨緑江、遼陽、奉天方面を連戦して対露戦に初勝利を挙げ、第1軍の勇猛ぶりを示した。日露戦後伯爵に列したが、元帥とはならなかった。陸軍の長州閥のためともいう。退役後は枢密顧問官をつとめた。

青木周蔵 (国立国会図書館蔵)

[あおき しゅうぞう／1844－1914]

長州藩医の養子となって医学・洋学を修めたのち、慶応4年（1868）藩命によってドイツに留学して政治学、法学を学ぶ。明治6年（1873）新政府に出仕、以後外務一等書記官心得を振り出しに、ドイツ、オーストリア、イギリスで公使などをつとめる。同22年外相となり、対英条約改正交渉を進めるが、この間に大津事件が起き、引責辞任した。その後、駐英公使となって条約改正交渉を再開し、27年、日英通商条約の締結にこぎつけた。

内田九一

［うちだ くいち／ 1844 － 1875］

「御真影」とされた明治天皇像を撮影した写真師。長崎に生まれ、オランダ海軍の軍医ポンペに化学の手ほどきをうけた。その後日本最初期の写真師、上野彦馬に弟子入りして写真技術を習得。慶応元年（1865）から大阪、横浜、浅草などの地で写真館を開業して成功を収め、明治５年（1872）宮内省御用掛写真師第１号となる。「明治天皇像」ほか、幕末・明治初期の人物、風景を撮影した貴重な写真を数多く残している。32 歳と早世した。

陸奥宗光（国立国会図書館蔵）

［むつ むねみつ／ 1844 － 1897］

紀州藩家老の家に生まれるが、慶応３年（1867）脱藩。坂本龍馬らの海援隊に加盟して倒幕運動に奔走する。維新後新政府に出仕するが、西南戦争当時、反政府の挙兵を計画したとの容疑で投獄。出獄後は欧米に留学する。帰国後、駐米公使を経て農商務相に就任。明治 25 年（1892）伊藤内閣の外相となり、２年後、英国との条約改正を実現させた。日清戦争での下関条約締結に際しては伊藤博文とともに全権に任命されて交渉、調印に導いた。

弘化4年1847年生

●近年の出来事●　弘化２年／江戸伝馬町牢獄で火災、高野長英逃走。イギリス艦、長崎に来航

奥　保鞏

[おく　やすかた／ 1847 － 1930]

維新後陸軍に入り、以後陸軍軍人の道を一貫して歩む。佐賀の乱、台湾出兵、西南戦争、日清戦争を経て、明治36年（1903）大将となる。日露戦争時には司令官として第2軍を率いて転戦、金州・南山の戦いで多くの戦死者を出して苦戦の末に勝利する。戦後参謀総長、同44年には元帥に推挙される。この間、台湾総督への就任を要請されるがこれを固辞、一軍人としての道を選んだという。85歳で退役。海軍の東郷平八郎と並ぶ軍将の典型。

日露戦争の戦闘

弘化2年1845年生

清水谷公考

（北海道大学附属図書館北方資料室蔵）

[しみずだに　きんなる／ 1845 － 1882]

侍従職にあった慶応4年（1868）、戊辰戦争が起こると、新政府に、対ロシア情勢から不安定な状況下にあるとして蝦夷地に鎮撫使の派遣を建言。これによって箱館裁判所総督に任命された。同年10月榎本武揚らの旧幕軍が上陸してくると、これと交戦。しかし青森へ撤退を余儀なくされ、青森軍を組織して総督に就き、反攻に備えた。翌年4月江差に再上陸し、5月旧幕軍を破って箱館に戻った。その後しばらく開拓使次官をつとめた。

清水谷公孝

（港区立港郷土資料館蔵）

桂　太郎（国立国会図書館蔵）

［かつら たろう／ 1847 － 1913］

長州藩士として馬関戦争、戊辰戦争を経験。明治３年（1870）政府留学生としてドイツに留学。兵制を学んで帰国後、陸軍兵制の近代化・改革にあたる。その後同34年から大正元年（1912）にかけて３度首相をつとめることになる。この間に日英同盟の締結、日露戦争、韓国併合などの大きな政治課題に直面し、内閣は２度瓦解。そのたびに再生するが、最後の内閣は同２年、憲政擁護運動の高まりによって約２か月の短命に終わった。

中江兆民（国立国会図書館蔵）

［なかえ ちょうみん／ 1847 － 1901］

「東洋のルソー」とも呼ばれる思想家。幕末、土佐藩留学生となり長崎、江戸で仏語を習得。維新後フランスへ留学し、帰国後元老院書記官となるが、まもなくこれを辞して私塾を開く。以後『東洋自由新聞』主筆として自由民権の論を展開し、ルソーの『民約訳解』を訳出、民権運動左派の理論的支柱となった。その後も『三酔人経綸問答』ほかを著し、雑誌、新聞に寄稿。専制を排し民権を説くその思想は、後の世にも大きな影響を与えている。

桂　太郎

中江兆民
（国立国会図書館蔵）

東郷平八郎

［とうごう　へいはちろう／1847～1934］

日露戦争時の連合艦隊司令長官。「東洋のネルソン」とも呼ばれた。薩摩藩士の出で、薩英戦争、戊辰戦争を戦った。明治3年（1870）から英国海軍兵学校に留学。帰国後複数の艦の艦長を経て、呉鎮守府参謀長、常備艦隊司令長官を歴任。海軍大学校長となった日露戦争直前の同36年、海軍大臣山本権兵衛によって連合艦隊司令長官に抜擢される。日本海海戦では大胆な丁字戦法をとり、バルチック艦隊を撃滅。日露戦後は軍令部長、元帥。

被弾したロシア戦艦アリヨール

連合艦隊司令長官東郷平八郎と第３軍乃木希典司令長官の幕僚たち

明治 37 年 12 月 12 日撮影。前列左から４番目が東郷、その右が乃木大将。

連合艦隊旗艦・三笠

1902 年イギリスで完成。日本に回航後は連合艦隊旗艦を務めた。排水量 1 万 5140 トン、12 インチ連想装砲塔２基４門を主砲とする世界最強戦艦級であった。

嘉永2年1849年生　弘化4年1847年生

西園寺公望（国立国会図書館蔵）

[さいおんじ きんもち／1849 − 1940]

公家の出身。王政復古の大号令の後、参与に任命され、戊辰戦争を各地で戦う。明治4年（1871）パリ・コミューン下のパリに派遣され、同14年明治法律学校を設立。同時に中江兆民らと『東洋自由新聞』を興し、民権思想を掲げたが、現役官僚のままでの行動を批判され、勅命により廃刊となる。39年首相。以後桂太郎と交互に2度首相の座に就く。パリ講和会議では全権をつとめた。引退後も大きな影響力を保った「最後の元老」。

森　有礼（国立国会図書館蔵）

[もり ありのり／1847 − 1889]

薩摩藩出身の政治家。慶応元年（1865）藩の留学生としてロンドンに派遣される。明治元年（1868）帰国後、明治政府に出仕するがほどなく辞して、3年後に復帰。米国で代理公使をつとめ、帰国後外務少輔。同6年には、福沢諭吉らと明六社を設立して欧米の新思想を紹介、啓蒙する。18年組閣された伊藤内閣で初代文相をつとめ、ドイツ式の学制を採用、その後の学制の規範となった。22年、国粋主義者西野文太郎によって暗殺された。

乃木希典 (国立国会図書館蔵)

[のぎ まれすけ／1849－1912]

戊辰戦争に従軍後、明治4年（1871）少佐。西南戦争では軍旗を奪われる恥辱もうけた。同19年ドイツ留学後に一時退役し、日清戦争で復帰した。その後台湾総督に任官したが、ほどなく辞任。日露戦争で再復帰して、第3軍を指揮して旅順要塞・203高地への3度の総攻撃を行うが、容易に陥落せず、前哨戦から約半年後、厖大な数の将兵を犠牲にした末に占領に至った。大正元年（1912）明治天皇大喪の当日、妻と共に自宅で殉死した。

乃木とロシア軍司令官の会見

明治38年（1905）1月5日、水師営での撮影。中列左から２人目が乃木大将、乃木の右隣がロシア旅順軍司令官ステッセル大将。

児玉源太郎（国立国会図書館蔵）

［こだま げんたろう／ 1852 － 1906］

日露戦争時、旅順203高地を乃木希典らとともに苦戦の末に陥落させたことで知られる。長州徳山藩出身。戊辰戦争に従軍の後、兵学寮に入り、以後陸軍軍人の道を歩む。西南戦争後、陸軍中枢に進み、ドイツ陸軍からメッケル少佐を招聘して軍の近代化を推進した。日清戦争後は台湾総督、陸軍大臣を歴任。日露戦争では、大山巌の下で、総参謀長として乃木希典ほか古参の将を統率して作戦遂行にあたった。日露戦争後、まもなく病没する。

ロシア陣地の弾薬庫の爆発

高村光雲（国立国会図書館蔵）

［たかむら こううん／ 1852 － 1934］

彫刻家。江戸浅草に生まれる。11歳で仏師高村東雲に入門、のち養子となって高村姓を継ぐ。幕末維新期には伝統の木彫は廃れつつあったが、光雲はその流れに抗して木彫の伝統を受け継ぎ、さらに西洋画の技法を取り入れて木彫に革新をもたらした。明治22年（1889）岡倉天心に認められて東京美術学校教授に迎えられ、その後も木彫界第一人者の道を歩んだ。代表作に「老猿」「西郷隆盛像」などがある。詩人・彫刻家高村光太郎は長男。

明治天皇

［めいじてんのう／1852〜1912］

第122代天皇。名は睦仁。孝明天皇の子。慶応3年（1867）十代で践祚し、戊辰戦争終結後、五箇条の誓文を発布し、明治と改元、一世一元制とした。廃藩置県後、京都から江戸城に移って皇居とし、江戸を東京と改めた。以後、明治中央集権体制の最高位に置かれる。明治22年（1889）大日本帝国憲法制定にともない立憲君主とされ、第2次大戦後、日本国憲法によって天皇が象徴とされるまで、この体制が続いた。

●近年の出来事● 嘉永 5 年／江戸青山百人町（現南青山）で潜伏中の高野長英、追手に囲まれて自刃する

北里柴三郎（北里柴三郎記念室蔵／上下）

［きたざと しばさぶろう／ 1852 － 1931］

医学者・細菌学者。内務省衛生局に就職したのち、ドイツに留学。コッホに師事する。明治22年(1889)、破傷風菌の純粋培養に成功。翌年にはベーリングとともに血清療法への道をひらいた。帰国後は伝染病研究所の初代所長に就任し、同27年、ペスト菌を発見するなどの業績をあげる。研究所が内務省から文部省に移管されたことを機に所長を辞し、新たに北里研究所を設立。慶応大学医学部の創設にも協力、初代医学科長をつとめた。

山本権兵衛（国立国会図書館蔵）

［やまもと ごんべえ／ 1852 － 1933］

維新後海軍兵学寮に学ぶ。日清戦争に従軍後、軍務局長。明治31年（1898）には海軍大臣にのぼり、この間に日露戦争が起こるが、閑職にあった東郷平八郎を抜擢して連合艦隊司令長官に任命し、日本海海戦で勝利する僥倖も得た。大正2年（1913）桂内閣の後をうけて首相に就任。しかし、翌年シーメンス事件の発覚によって総辞職に追い込まれた。10年後、再び首相となるが、今度は虎ノ門事件で引責辞任。以後は政界から引退する。

北里柴三郎

山本権兵衛

徳川昭武（松戸市立戸定歴史館蔵／上下）

［とくがわ あきたけ／1853－1910］

水戸の徳川斉昭の十八男。徳川慶喜の異母弟にあたる。慶応3年（1867）パリ万国博覧会に将軍慶喜の名代として、使節団を率いて渡仏。欧州滞在中の翌明治元年（1868）大政奉還の報をうけて帰国し、第11代水戸藩主の座を継承した。同2年の版籍奉還後水戸藩知事、さらに2年後、廃藩置県となって知事を退く。16年には家督を譲り、松戸の戸定邸に隠棲して写真や狩猟を楽しんだという。この間、再びフランスに留学してもいる。

徳川昭武と家臣

金子堅太郎（国立国会図書館蔵）

［かねこ けんたろう／1853－1942］

福岡藩出身の外交官僚。維新直後、藩命で江戸へ遊学の後、明治4年（1871）岩倉使節団に同行した旧藩主に随行して渡米、ハーバード大学などで学んだ。帰国後元老院に出仕。内閣総理大臣秘書官の時、伊藤博文に認められ、以後ブレーン的な存在となる。特に帝国憲法の起草にあたっては井上毅、伊東巳代治とともに尽力した。農商務相、法相などを歴任。日露戦争中は渡米して対露講和交渉を有利に導く道を探った。日露戦争後は枢密顧問官。

田口卯吉 (国立国会図書館蔵)

[たぐち うきち／1855－1905]

明治時代に一家をなした経済学者。江戸の御家人の家に生まれ、大蔵省翻訳局に学んで、そのまま大蔵省に出仕。明治10年(1877)『日本開化小史』を著し、続いて『東京経済雑誌』などを創刊して、自由主義経済学を紹介、提唱するとともに、政府の経済政策を鋭く批判して、少壮学者、ジャーナリストとして頭角を現す。同27年からは衆議院議員をつとめ、自由主義経済を擁護する立場で、保護主義をとる犬養毅らと対立し、政府を批判した。

犬養毅 (犬養木堂記念館蔵／上下)

[いぬかい つよし／1855－1932]

「憲政の神様」と称された政治家。明治15年（1882）立憲改進党の立党に参加し、同23年の第1回総選挙から連続18回衆議院議員に当選する。以後、文相、逓相を歴任。大正14年（1925）普選法成立後、一時政界を退くが、昭和4年（1929）政友会総裁に就き、2年後首相に指名された。その翌年、5・15事件当時も首相の座にあり、官邸に押し入った将校たちに暗殺された。この際の言葉「話せばわかる」が有名になった。

小田県庁時代の犬養（後列中央）

小村寿太郎（日南市役所蔵）

［こむら じゅたろう／1855－1911］

政治家・外交家。大学南校に入学後、ハーバード大学に留学。帰国後は司法省に入省したのち、外務省に転出。駐韓弁理公使、外務次官、駐米公使、駐露公使などを歴任し、義和団事件では日本全権。同34年、第1次桂内閣に外務相として入閣。翌35年、ロシアに対抗して日英同盟を締結し、日露戦争後には日本全権としてポーツマス条約に調印した。第2次桂内閣でも外務相をつとめ、関税自主権の回復、日露協約の締結や韓国併合にもかかわった。

小村寿太郎（国立国会図書館蔵）

ミネソタ号上の小村寿太郎（日南市役所蔵）撮影年代未詳。

長崎時代の小村寿太郎（14歳）（日南市役所蔵）

安政3年 1856年生

●近年の出来事● 安政３年／アメリカ総領事ハリス着任。堀田正睦、外国御用取扱となる

青年期の原 敬
明治１５年（1882）頃撮影か。

原 敬（国立国会図書館蔵）
[はら たかし／1856－1921]

盛岡藩藩校で学んだのち、司法省の法律学校に転じたが退学処分を受け、新聞記者となった。その後外務省に出仕して、明治30年退官。33年には立憲政友会の立党に参加、以後政治家の道を歩み、大正7年（1918）米騒動で倒れた寺内内閣に代わって初の政党内閣を組閣した。当初「平民宰相」として世論の支持をうけたが、普選反対、社会運動弾圧、シベリア出兵の長期化など専制的施策に批判が高まって支持を失い、同10年東京駅で暗殺された。

原 敬（国立国会図書館蔵）
明治１８年（1885）頃撮影。外務省御用掛時代の写真か

原 敬
（国立国会図書館蔵）

●近年の出来事● 安政4年／下田条約調印。吉田松陰、萩で松下村塾の主宰者となる

後藤新平（後藤新平記念館蔵）
明治23年（1890）頃撮影か。ローレツ博士と共に。

後藤新平（国立国会図書館蔵）
[ごとう しんぺい／1857－1929]

須賀川医学校を卒業後、愛知医学校の教官となる。校長に昇進後、ドイツに留学。明治16年（1883）内務省衛生局に招かれ、以後医務官僚の道を歩む。この間、旧相馬藩のお家騒動にかかわったかどで投獄されるが無罪となり、再び衛生局長に復帰。この後、台湾総督府民政局長、満鉄初代総裁、逓信相、鉄道相、内相、外相を歴任し、大正9年（1920）東京市長に就任。同12年関東大震災が起きると帝都復興院総裁に任命され、東京市内の復興計画を立案、実行した。

後藤新平（後藤新平記念館蔵）
明治5年（1872）頃撮影。右後。

●近年の出来事● 安政5年／井伊直弼大老就任。日米修好通商条約調印。安政の大獄。家茂将軍就任

尾崎行雄（国立国会図書館蔵）

［おざき ゆきお／1858－1954］

犬養毅と並んで「憲政の神様」と称された。明治15年（1882）立憲改進党立党に参画。東京府会議員をつとめるが、同20年、大同団結運動に加わり東京から追放される。第1回総選挙から25回連続当選し在籍63年。同31年、大隈内閣の文相時、集会での演説が不敬とされて辞任し、その後、一時政友会に加盟。以後、護憲運動、普選運動を推進、戦時下、翼賛選挙を糾弾して不敬罪に問われるなど、憲政擁護の立場から軍国主義を批判した。

演説する尾崎（尾崎行雄記念財団蔵）
大正11年（1922）、芝公園で演説。

斎藤 実（斎藤實記念館蔵／上下）

［さいとう まこと／1858－1936］

海軍兵学校卒業後、明治17年（1884）から駐在武官としてアメリカに滞在。帰国後海軍参謀本部に出仕。軍政畑を歩き、同39年から9年間海軍大臣をつとめる。昭和2年（1927）ジュネーブ軍縮会議には全権として出席。同7年、5・15事件で暗殺された犬養毅の後をうけて首相となったが、2年後の帝人疑獄事件により内閣総辞職。こののち内大臣に転じたが、2・26事件で「君側の奸」と目され、青年将校らの叛乱軍に暗殺された。

斎藤実15歳（中央）。

安政6年 1859年生

●近年の出来事● 安政６年／オールコック来日。神奈川・箱館・長崎の３港で露・仏・英・蘭・米と開港

坪内逍遥（早稲田大学演劇博物館蔵）

[つぼうち しょうよう／ 1859 － 1935]

小説家・評論家・劇作家・翻訳家。幼少時から江戸文学や歌舞伎に親しむ。明治18年(1885)、評論『小説神髄』とその実践である小説『当世書生気質』を発表。同22年に日本演劇協会を設立。27年からは『桐一葉』『沓手鳥孤城落月』『牧の方』などの戯曲を公にする。同39年には文芸協会を設立し、その後の新劇運動に大きな影響を与えることになった。雑誌『早稲田文学』の刊行にも尽力。翻訳家としては、シェークスピア全集の個人訳などがある。

晩年の坪内逍遥（国立国会図書館蔵）

秋山好古（国立国会図書館蔵）

[あきやま よしふる／ 1859 － 1930]

陸軍軍人。秋山真之は実弟。教員を経て、陸軍士官学校に入学し、明治18年（1885）陸軍大学校を卒業後、旧松山藩主久松家の当主、久松定謨に同行して渡仏して騎兵戦術を学ぶ。日清戦争には騎兵第１大隊長として従軍。戦後は陸軍乗馬学校長に就任し、騎兵科の編成、育成に尽力した。日露戦争では騎兵第１旅団長として同旅団を率いた。大正５年（1916）大将に昇進し、同９年には教育総監となった。「日本騎兵の父」とも呼ばれる。

厳寒での野戦風景

三宅雪嶺

(三宅立雄氏蔵・流通経済大学三宅雪嶺記念資料館蔵)
[みやけ　せつれい／ 1860 − 1945]

学生時代にフェノロサの影響をうけ、国際主義と国粋主義とを結びつけた独自のナショナリズムを唱導した在野の言論人。志賀重昂らと明治21年(1888)「政教社」を結成、雑誌『日本人』を創刊して、政府の専制主義、欧化主義を批判したのに始まり、翌年陸羯南の『日本』をはじめ、『日本及日本人』『我観』などに拠って思想を展開。足尾鉱毒事件、大逆事件などにも鋭く反応して、支援の論陣を張った。主著に『宇宙』『同時代史』などがある。

明治35年欧州で撮影（右）。

加藤高明 (国立国会図書館蔵)

[かとう　たかあき／ 1860 − 1926]

外交官僚、政治家。岩崎弥太郎の娘婿で、郵船会社から大隈重信外相の秘書官に転じ、明治27年（1894）駐英特命全権大使に任ぜられた。同33年から、都合4度にわたり外相をつとめ、その間日英同盟の改定などに携わった。第1次大戦では対華21か条要求を策定。大正5年（1916）には憲政会を創設し、犬養毅らとともに第2次護憲運動を推進して、同13年首相となり、普通選挙法、治安維持法を制定した。首相在任中の同15年死去。

駐英時代の加藤高明

嘉納治五郎（講道館蔵）
嘉納治五郎（右）12歳の頃の撮影。

嘉納治五郎（講道館蔵）
20代の頃の撮影。

友人との記念写真（講道館蔵）
前列右から２人目が嘉納治五郎。

仮装写真（講道館蔵）
治五郎（前列右）18歳の撮影。

嘉納治五郎

[かのう　じごろう／ 1860 – 1938]

古来の柔術を体系づけ、近代柔道を確立した武道家、教育家。開成学校卒業後、教員となり、傍ら私塾講道館を開いて諸流派の柔術を統合、体系化して講道館柔道を完成させた。その後、東京高等師範学校校長。明治42年（1909）日本初のIOC委員、２年後大日本体育協会初代会長に就き、第５回ストックホルム大会に２人の選手を率いて初参加。昭和15年（1940）開催予定の東京オリンピック招致に成功したが、第２次大戦勃発により幻の大会となった。

文久元年 1861 年生

●近年の出来事● 文久元年／オランダ人ヒュースケン、三田で惨殺。対馬占領事件

加藤友三郎（国立国会図書館蔵）

[かとう ともさぶろう／ 1861 － 1923]

日露戦争時、連合艦隊参謀長として、日本海海戦での東郷平八郎の指揮を補佐した。その後、大正４年（1915）の大隈内閣の海相から都合５回、海相をつとめた。この間、ワシントン軍縮会議に全権委員として出席。当初軍備増強派だったが、英米と軍拡を競う不毛を悟り、軍拡派を抑えて海軍軍縮条約に調印。同11年首相となり、海相を兼務。海軍軍備縮小、シベリア撤兵などを断行し、首相在任中の同12年に死去した。

艦上の加藤友三郎

内村鑑三（国際基督教大学図書館蔵／上下）

[うちむら かんぞう／ 1861 － 1930]

キリスト教思想家・文学者。札幌農学校在学中にキリスト教に入信。明治17年（1884）私費で渡米。アマースト大学、ハートフォード神学校に学ぶ。帰国後の同23年に第一高等中学校の嘱託教員になるが、翌年「不敬事件」を起こし辞職。以後は著述を中心に活動し、『余は如何にして基督信徒となりし乎』など多数の著作を発表。足尾鉱毒反対運動に参加。日露戦争時には非戦論を主張。聖書のみにもとづく「無教会主義」を唱えた。

内村鑑三

文久2年1862年生

●近年の出来事●　文久２年／坂下門外の変。寺田屋事件。生麦事件。和宮降嫁する

森鷗外（森鷗外記念館蔵）

［もり　おうがい／1862－1922］

19歳で東京大学医学部を卒業、陸軍軍医となる。陸軍省派遣留学生としてドイツに留学。明治22年（1889）、訳詩集『於母影』を上梓。続いて雑誌『しがらみ草紙』を創刊。翌年にはドイツを舞台にした小説『舞姫』を発表。外国文学の翻訳も多数手掛けた。軍医として日清、日露戦争に従軍。陸軍省医務局長就任後に本格的に創作活動を再開、『ヰタ・セクスアリス』などの小説や戯曲を発表。晩年は歴史小説を中心に執筆を続けた。

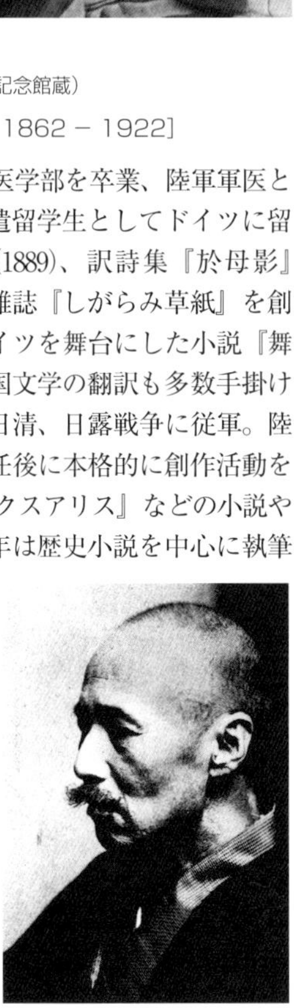

森鷗外

（国立国会図書館蔵）

田辺朔郎（京都市上下水道局蔵／上下）

［たなべ　さくろう／1861－1944］

工部大学校卒業後、京都府知事御用掛となり、そのころ策定されていた京都復興計画の一環、琵琶湖疎水建設計画に携わる。琵琶湖疎水の計画を立案した卒業論文が、時の京都府知事北垣国道の目にとまったのが機縁となった。実地の工事は、ほぼ5年という短期間で明治23年（1890）に完工。用水供給とともに、日本初の水力発電事業を実現した。以後、日本の土木工事の第一人者となり、第２疎水工事、関門トンネル計画の実地調査などに携わった。

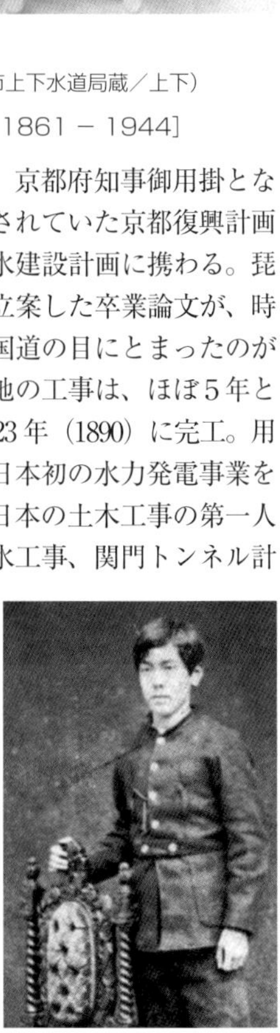

田辺朔郎（18歳）

文久2年1862年生

植物採集をしている牧野富太郎（高知県立牧野植物園蔵）

牧野富太郎（国立国会図書館蔵）

［まきの　とみたろう／1862 − 1957］

「日本の植物分類学の父」といわれる植物学者。独学で植物学を研究する。明治21年（1888）から自費で『日本植物志図篇』の刊行を開始。同22年、日本国内で初めて新種ヤマトグサに学名をつけ、翌年にはムジナモを日本で発見。その学術論文によって世界に名を知られるようになる。大正元年（1912）から東京帝大講師。94年の生涯において、新種や新品種など1500種類以上の植物を命名している。

牧野富太郎（高知県立牧野植物園蔵）

文久2年1862年生

新渡戸稲造（十和田市立新渡戸記念館蔵）

若き稲造（十和田市立新渡戸記念館蔵）

新渡戸稲造（国立国会図書館蔵）

新渡戸稲造（十和田市立新渡戸記念館蔵）

[にとべ いなぞう／1862 － 1933]

札幌農学校在学中に内村鑑三らとキリスト教に入信、のちクエーカー教徒となった。アメリカ留学後、札幌農学校助教授となり、再びドイツに留学。帰国後、複数の大学、高校での教授、学長を歴任した後、大正８年（1919）から国際連盟事務次長となり、７年間在任。この後もクエーカー教徒として戦争に反対、世界紛争の平和的解決を求め、『友徒の特色』を著すなど、啓蒙に努めた。主著『武士道』は今も世界で読み継がれている。

東京美術学校の岡倉天心

若き日の岡倉天心

岡倉天心（茨城県天心記念五浦美術館蔵／３点）

［おかくら　てんしん／ 1862 − 1913］

思想家・美術評論家。幼少時から英学を習うなど欧米文化に親しむ。東京開成学校在学中にフェノロサの助手となり、美術取調委員として欧米に渡航。帰国後は東京美術学校の開設に尽力、多くの若手画家を育てた。明治31年（1898）に同校を追われ、日本美術院を創設。同34年にはインドを旅し、東洋文化の源に触れる。同37年、ボストン美術館東洋部顧問に就任。英文の著作などを通じて東洋文化を世界に紹介した。

元治元年 1864 年生　文久 3 年 1863 年生

●近年の出来事●　文久 3 年／将軍家茂上洛。御殿山の焼討事件。馬関戦争。薩英戦争。天誅組挙兵

明石元二郎（国立国会図書館蔵／上下）

［あかし　もとじろう／ 1864 － 1919］

日露戦争直前、諜報活動に携わり、ペテルブルク、ストックホルムを拠点に対露情報収集、ロシア国内の攪乱などを担った。レーニンらとも接触して、帝政の崩壊、弱体化を狙ったともいうが真相は不明。日露戦争後、在独大使館駐在武官に任じられ、明治43年（1910）には韓国駐箚憲兵司令官などに就き、日本の支配に抵抗する義兵闘争を鎮圧し、韓国併合への地ならしを行った。大正7年（1918）台湾総督となり、一時帰国中に死去した。

明石元二郎

徳富蘇峰（国立国会図書館蔵）

［とくとみ　そほう／ 1863 － 1957］

郷里熊本で『将来之日本』などを出版したのち上京。明治20年（1887）民友社を興し『国民新聞』『国民之友』を創刊。当初は進歩的平民主義の理論家だったが、日清戦争後は国権論者に転じ、国粋主義的な論を展開、以後国家主義イデオローグとしてジャーナリズムに君臨する。第2次大戦中は大日本言論報国会会長となり、戦後公職追放。『近世日本国民史』『蘇峰自伝』など、300余りの厖大な著作を残している。作家徳富蘆花は実弟。

（徳富蘇峰記念館蔵）

徳富蘇峰（右から三人目）

慶応元年 1865 年生

●近年の出来事●　慶応元年／第 2 次長州征伐発令、勅許

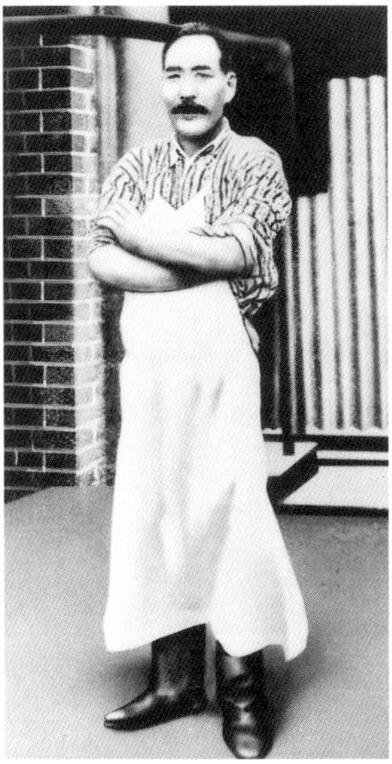

40 代の森永太一郎

溜池表通りの森永商店

森永太一郎（森永製菓株式会社蔵／３点）

[もりなが　たいちろう／ 1865 － 1937]

佐賀伊万里の陶器商の家に生まれるが、家産が傾き、苦学しながら横浜の商社に勤める。明治 21 年（1888）伊万里焼販路開拓のため渡米。ここでキリスト教に入信するが販路開拓は失敗。のち再渡米して製菓技術を習得した。帰国後、同 32 年東京・赤坂に小さな森永西洋菓子製造所を開き、マシュマロ、続いてキャラメルを製造・販売。営業は成功して、同 43 年には森永製菓を設立。エンゼルマークのミルクキャラメルとともに現在に至っている。

●近年の出来事● 慶応元年／第 2 次長州征伐発令、勅許

謝花昇 (八重瀬町立具志頭歴史民俗資料館蔵)

[じゃはな のぼる／ 1865 － 1908]

「沖縄の自由民権運動の父」とよばれる社会運動家。沖縄本島南部の東風平の農家に出生。明治 15 年（1882）第 1 回県費留学生として東京へ留学。農科大学卒業後、沖縄県庁に入る。民衆に立脚した県政改革事業に尽力するが、県知事奈良原繁と杣山問題などで対立、辞職を余儀なくされた。同時に沖縄倶楽部を結成して『沖縄時論』を発行、県政批判と参政権獲得運動を主導する。だが、運動はさまざまな弾圧によって挫折。心身を病み 44 歳で早世した。

18 歳の謝花昇（後列右） 明治 17 年撮影。

（那覇市歴史博物館蔵）

長岡半太郎 (理化学研究所蔵)

[ながおか はんたろう／ 1865 － 1950]

物理学者。帝国大学物理学科卒業後、大学院に進み、明治 23 年（1890）助教授となる。同 26 年からドイツに留学し、ボルツマンの下で学んだ。帰国後に教授に就任し、理化学研究所の中心的存在として定年退職するまでの約 30 年間、自らの研究とともに後進の指導にも力を注いだ。同 36 年、土星状原子模型を発表。中心に原子核があり、周囲を電子が回っているというもので、これはラザフォード、ボーアの原子模型の先駆けとなった。

慶応3年1867年生

●近年の出来事● 慶応３年／徳川慶喜、大政奉還。坂本龍馬暗殺される。「ええじゃないか」運動広がる

左上・自転車に乗る外骨
左下・天下茶屋時代の外骨（大正４年頃）
右・17歳頃の外骨

宮武外骨

（吉野孝雄氏蔵・伊丹市立美術館提供／３点）
[みやたけ がいこつ／ 1867 － 1955]

ジャーナリスト・文化史家。讃岐に生まれる。明治20年(1887)『頓智協会雑誌』を創刊。同22年、28号に大日本帝国憲法発布のパロディ『大日本頓知研法』を掲載すると、不敬罪に問われて投獄される。この投獄は3年8か月の長きに及んだ。同34年、大阪で『滑稽新聞』を創刊。最盛期には8万部を売った。その後も『スコブル』『震災画報』など多数の雑誌を創刊。反権力を貫き、生涯で入獄4回、発行停止・発刊禁止は14回にのぼる。

外遊当時の豊田佐吉　明治44年(1911)頃撮影。

豊田佐吉　明治35年(1902)35歳頃撮影。

豊田佐吉　昭和2年（1927）撮影。

豊田佐吉（トヨタ自動車蔵／産業技術記念館蔵）

[とよだ さきち／1867－1930]

発明家、実業家。トヨタグループ創始者。静岡県に大工の長男として生まれる。小学校卒業後、父の跡を継ぐが、発明を志し織機の改良に熱中する。明治23年（1890）「豊田式木製人力織機」を発明、翌年には特許を取得する。同30年には日本初の木鉄混製動力織機「豊田式汽力織機」を発明。その後も研究と発明を重ね、大正15年（1926）に株式会社豊田自動織機製作所を創立。トヨタグループの礎を築いた。

富田村付近植物採集行

ジャクソンビルの南方熊楠

南方熊楠（南方熊楠顕彰館蔵）

[みなかた　くまぐす／ 1867 – 1941]

生物学者、民俗学者。和歌山に生まれる。明治19年（1886）大学予備門を中退し渡米。中米諸国にも足を運び、各地で植物を採集した。同25年には渡英。大英博物館に勤務の傍ら、多数の論文を総合科学雑誌『ネイチャー』などに寄稿。同33年の帰国後は和歌山県田辺に住み、採集と研究を続けた。その膨大な研究の全容は、現在でも明らかになったとはいえない。神社合祀の動きには反対運動を展開。日本の自然保護運動の嚆矢となった。

正岡子規（国立国会図書館蔵／上下）

［まさおか しき／1867－1902］

明治16年（1883）伊予松山から上京、翌年大学予備門に入学。同26年大学を退学して日本新聞社に入るが、この間に結核の兆候を得る。28年『獺祭書屋俳話』を上梓。以後、次々に評論を発表して俳句の革新に挑んだ。日清戦争には従軍記者として赴くが帰国後病床に就く。31年『歌よみに与ふる書』を発表して短歌革新に乗り出し、この後も病床から俳句、短歌のほか『墨汁一滴』『病牀六尺』などを発表。文学界に大きな影響を与え続けた。

正岡子規

幸田露伴（日本近代文学館蔵）

［こうだ ろはん／1867－1947］

小説家・随筆家。慶応3年（1867）、江戸の下谷に生まれる。逓信省電信修技学校を卒業し、北海道余市に電信技師として赴任したが、文学を志し帰京。明治22年（1889）『露団々』『一刹那』『風流仏』、同25年には代表作『五重塔』を発表して、尾崎紅葉と並ぶ人気作家となった。日露戦争後は史伝や研究に力を注いだ。昭和22年（1947）、30年近く執筆を続けた『芭蕉七部集評釈』を完成させ、80歳で死去。

鈴木貫太郎 （（国立国会図書館蔵）

[すずき かんたろう／ 1868 － 1948]

戦時下最後の首相。兵学校卒業後、日清戦争に従軍。以後、軍歴を刻み、大正12年(1923)海軍大将となり、連合艦隊司令長官、軍令部長などを歴任。退役後、侍従長に就くが、2・26事件では「君側の奸」として襲撃され重傷を負う。昭和20年（1945） 4月、小磯内閣に代わって組閣を要請され首相となった。広島、長崎への原爆投下、ソ連参戦などの状況下で終戦工作にあたり、ポツダム宣言を受諾。天皇の詔勅放送後、内閣は総辞職した。

鈴木貫太郎

尾崎紅葉 （新宿歴史博物館蔵 ／上下）

[おざき こうよう／ 1868 － 1903]

小説家。江戸の芝に生まれる。明治16年（1883） 東大予備門に入学。山田美妙、石橋思案らと親交を深め、同18年に硯友社を結成、『我楽多文庫』を創刊する。同22年発表の『二人比丘尼色懺悔』が好評を博し、以後も『伽羅枕』『三人妻』などを発表して人気作家となる。泉鏡花、徳田秋声ら多数の後進を育成したが、胃癌に冒され35歳で没する。死の数か月前まで執筆した『金色夜叉』が晩年の代表作。

尾崎紅葉

清水次郎長（しみずの　じろちょう）… 118
清水谷公考（しみずだに　きんなる）… 174
下岡蓮杖（しもおか　れんじょう）…… 120
謝花　昇（じゃはな　のぼる）… ………200
鈴木貫太郎（すずき　かんたろう）…… 205

【た】
高杉晋作（たかすぎ　しんさく）……… 160
高村光雲（たかむら　こううん）……… 180
田口卯吉（たぐち　うきち）………… 184
田中正造（たなか　しょうぞう）……… 167
田中光顕（たなか　みつあき）…………170
田辺朔郎（たなべ　さくろう）………… 193
伊達宗城（だて　むねなり）………… 118
坪内逍遥（つぼうち　しょうよう）…… 189
東郷平八郎（とうごう　へいはちろう）… 176
時任為基（ときとう　ためもと）……… 167
徳川昭武（とくがわ　あきたけ）……… 183
徳川慶喜（とくがわ　よしのぶ）……… 152
徳川慶頼（とくがわ　よしより）……… 126
徳富蘇峰（とくとみ　そほう）………… 198
豊田佐吉（とよだ　さきち）……………202

【な】
中江兆民（なかえ　ちょうみん）……… 175
中岡慎太郎（なかおか　しんたろう）… 157
中浜万次郎（なかはま　まんじろう）… 122
中牟田倉之助（なかむた　くらのすけ）… 149
長岡半太郎（ながおか　はんたろう）… 200
鍋島直正（なべしま　なおまさ）……… 115
新島　襄（にいじま　じょう）………… 168
新渡戸稲造（にとべ　いなぞう）……… 196
乃木希典（のぎ　まれすけ）………… 179

【は】
原　敬（はら　たかし）…………………186
東久世通禧（ひがしくぜ　みちとみ）… 132
土方歳三（ひじかた　としぞう）………140
広沢真臣（ひろさわ　さねおみ）………133
福澤諭吉（ふくざわ　ゆきち）…………137

【ま】
前島　密（まえじま　ひそか）…………138
牧野富太郎（まきの　とみたろう）……194
正岡子規（まさおか　しき）……………204
松浦武四郎（まつうら　たけしろう）… 117
松平容保（まつだいら　かたもり）…… 144
松平春嶽（まつだいら　しゅんがく）… 124
松平頼聰（まつだいら　よりとし）…… 134
松本十郎（まつもと　じゅうろう）…… 163
南方熊楠（みなかた　くまぐす）………203
三宅雪嶺（みやけ　せつれい）…………190
宮武外骨（みやたけ　がいこつ）………201
陸奥宗光（むつ　むねみつ）……………173
村田氏寿（むらた　うじひさ）…………119
明治天皇（めいじてんのう）……………181
毛利元徳（もうり　もとのり）…………162
森　有礼（もり　ありのり）……………178
森　鷗外（もり　おうがい）……………193
森永太一郎（もりなが　たいちろう）… 199

【や】
山岡鉄舟（やまおか　てっしゅう）…… 146
山県有朋（やまがた　ありとも）………158
山内容堂（やまのうち　ようどう）…… 123
山本権兵衛（やまもと　ごんべえ）……182
由利公正（ゆり　こうせい）……………126

幕末生まれの肖像 ──── 人名索引［P114 ～ 205］

【あ】
青木周蔵（あおき　しゅうぞう）………172
明石元二郎（あかし　もとじろう）……198
秋月種樹（あきづき　たねたつ）………132
秋山好古（あきやま　よしふる）………189
荒井郁之助（あらい　いくのすけ）……145
有栖川宮熾仁親王（ありすがわのみや たるひとしんのう）……………139
石丸安世（いしまる　やすよ）…………162
板垣退助（いたがき　たいすけ）………150
板倉勝静（いたくら　かつきよ）………119
伊藤博文（いとう　ひろぶみ）…………166
伊東祐亨（いとう　すけゆき）…………169
犬養　毅（いぬかい　つよし）…………184
井上　馨（いのうえ　かおる）…………143
井上　毅（いのうえ　こわし）…………171
井上　勝（いのうえ　まさる）…………170
岩倉具視（いわくら　ともみ）…………121
岩崎弥太郎（いわさき　やたろう）……136
岩村通俊（いわむら　みちとし）………165
上野彦馬（うえの　ひこま）……………159
内田九一（うちだ　くいち）……………173
内村鑑三（うちむら　かんぞう）………192
江藤新平（えとう　しんぺい）…………133
榎本武揚（えのもと　たけあき）………147
大久保一翁（おおくぼ　いちおう）……116
大久保利通（おおくぼ　としみち）……128
大隈重信（おおくま　しげのぶ）………154
大友亀太郎（おおとも　かめたろう）… 138
大山　巌（おおやま　いわお）…………168
岡倉天心（おかくら　てんしん）………197
奥　保鞏（おく　やすかた）……………174
尾崎紅葉（おざき　こうよう）…………205
尾崎行雄（おざき　ゆきお）……………188

【か】
勝　海舟（かつ　かいしゅう）…………120
桂　太郎（かつら　たろう）……………175
加藤高明（かとう　たかあき）…………190
加藤友三郎（かとう　ともさぶろう）… 192
金子堅太郎（かねこ　けんたろう）……183
嘉納治五郎（かのう　じごろう）………191
河井継之助（かわい　つぐのすけ）……122
川路利良（かわじ　としよし）………… 134
北里柴三郎（きたざと　しばさぶろう）…182
木戸孝允（きど　たかよし）……………130
桐野利秋（きりの　としあき）…………159
久米邦武（くめ　くにたけ）……………160
黒木為楨（くろき　ためもと）…………172
黒田清隆（くろだ　きよたか）…………165
幸田露伴（こうだ　ろはん）……………204
児玉源太郎（こだま　げんたろう）……180
小松帯刀（こまつ　たてわき）…………141
小村寿太郎（こむら　じゅたろう）…… 185
近藤　勇（こんどう　いさみ）…………135
近藤長次郎（こんどう　ちょうじろう）… 155
五代友厚（ごだい　ともあつ）…………145
後藤象二郎（ごとう　しょうじろう）… 156
後藤新平（ごとう　しんぺい）…………187

【さ】
西園寺公望（さいおんじ　きんもち）… 178
西郷頼母（さいごう　たのも）…………127
西郷従道（さいごう　つぐみち）………169
斎藤　実（さいとう　まこと）…………188
坂本龍馬（さかもと　りょうま）………142
佐久間象山（さくま　しょうざん）……114
佐々木高行（ささき　たかゆき）………127
三条実美（さんじょう　さねとみ）……148
品川弥二郎（しながわ　やじろう）……171
渋沢栄一（しぶさわ　えいいち）………164
島津忠義（しまづ　ただよし）…………164
島津斉彬（しまづ　なりあきら）………114
島津久光（しまづ　ひさみつ）…………116

編者紹介

監　修

小沢健志（おざわ　たけし）

大正14年(1925)生まれ。東京国立文化財研究所技官、九州産業大学大学院教授などを経て現在、日本写真協会名誉顧問、日本写真芸術学会名誉会長。東京都歴史文化財団理事。1990年に日本写真協会賞功労賞を受賞。著書に『日本の写真史』ニッコールクラブ、1986年。『幕末・写真の時代』筑摩書房、1994年。『幕末・明治の写真』筑摩書房、1997年。『写真で見る幕末・明治』世界文化社、2000年、『写真明治の戦争』筑摩書房、2001年。

著　者

三井圭司（みつい　けいし）

東京都写真美術館学芸員。昭和45年(1970)、東京生まれ。日本大学博士課程満期退学。主要な研究テーマは19世紀写真史。主著は『写真の歴史入門–第1部「誕生」新たな視覚のはじまり–』(新潮社、2005年)。2007年より全国の初期写真調査を元にするシリーズ展「夜明けまえ 日本写真開拓史」を担当。2013年春に「東北・北海道編」を予定している。

塚越　俊志（つかごし　としゆき）

昭和57年（1982）生まれ。最終学歴：東海大学大学院文学研究科史学専攻博士課程前期終了。現在、同大学院博士課程後期在学。著書に「坂本龍馬と福井・熊本藩」『龍馬の世界認識』岩下哲典・小美濃清明編、藤原書店、2010年。『世界を見た幕末維新の英雄たち』共著、新人物往来社、2007年。『レンズが撮らえた幕末の日本』岩下哲典、共著、山川出版社、2011年。

レンズが撮《と》らえた　**幕末維新《ばくまついしん》の志士《しし》たち**

2012年4月25日　第1版第1刷発行　2013年10月15日　第1版第2刷発行

監　修　小沢健志《おざわたけし》

発行者　野澤伸平

発行所　株式会社 山川出版社

〒101-0047　東京都千代田区内神田1-13-13

電話　03(3293)8131(営業)　03(3293)1802(編集)

http://www.yamakawa.co.jp/

振替　00120-9-43993

企画・編集　山川図書出版株式会社

印刷所　半七写真印刷工業株式会社

製本所　株式会社 手塚製本所

デザイン　有限会社 グラフ

ISBN 978-4-634-15022-5